中国农业大学国家农业农村发展研究院调研成果

博观稼穑 2019

李　军　马　铃　辛　贤　主　编
吕之望　蔡海龙　肖亦天　副主编

中国农业出版社
北　京

图书在版编目（CIP）数据

博观稼穑. 2019 / 李军，马铃，辛贤主编. —北京：中国农业出版社，2019.4
ISBN 978-7-109-25330-8

Ⅰ. ①博… Ⅱ. ①李… ②马… ③辛… Ⅲ. ①农村工作-调查研究-研究报告-中国-文集 Ⅳ. ①D422.6-53

中国版本图书馆CIP数据核字（2019）第047270号

中国农业出版社出版
（北京市朝阳区麦子店街18号楼）
（邮政编码 100125）
责任编辑 闫保荣

北京通州皇家印刷厂印刷　　新华书店北京发行所发行
2019年4月第1版　　2019年4月北京第1次印刷

开本：700mm × 1000mm 1/16　　印张：13
字数：220千字
定价：50.00元

序言

2018年、2019年注定是共和国历史上不平凡的两个年头。2018年我们纪念了改革开放四十周年，2019年我们迎来祖国七十周年华诞。无论是回顾四十年，还是七十年的历程，农业、农民、农村问题都是重中之重，习近平总书记指出，“任何时候都不能忽视农业、忘记农民、淡漠农村”。务农重本，国之大纲。

中国农业的问题简单而复杂，简单的说是解决吃饭的问题，复杂地看是一个关系国计民生的根本性问题，牵一发而动全身。作为一个以农立国的文明古国，“三农”问题可谓源远流长，从传说中的三皇五帝到秦皇汉武、唐宗宋祖，直至新中国的领导者，无不视农业问题为其治国理政之首要任务。纵观历次变法，无不围绕土地和粮食问题展开；审视历代农民抗争，无不以土地问题的解决为其基本诉求。脱离对这些基本问题的了解，就自以为是地为解决中国的“三农”问题开药方，其结果必然是可想而知的，必定是不可能实现的乌托邦式的幻想。

新中国成立七十年来，党和政府正视国计民生，立足“三农”实际，致力于改善农业，治理农村，提高农民的生活水平，成就卓然。特别是改革开放大大释放了生产力，农业的年均增速达到4.4%，创造了在占世界耕地面积不足9%的资源条件下养活世界近20%人口的伟大奇迹。21世纪以来，我国土地制度不断改革出新，粮食生产出现“十二连增”，主要农产品产量跃居世界前列，皇粮国税已彻底成为历史，村民自治让农民开始实现为自己做主，绿色发展改变了“重量轻质”的传统理念，农业新科技不断助推农业新动能的实现，共和国的农业、农村、农民在实现现代化的道路上破浪向前，行稳致远。

以习近平同志为核心的党中央对“三农”工作高度重视，始终把解决好“三农”问题作为全党工作重中之重。党的十九大更是提出坚持农业农村优先发展，全面推动乡村振兴的伟大战略，中国农业农村的发展已处于一个前所未有的历史高度，破解“三农”难题正迎来一个千载难遇的黄金时期。

当然，我们也必须清醒地认识到，当前我国的“三农”问题正面临数千年未有之巨变，改革进入了深水区，发展遇到了新瓶颈，农村空心化、农业边缘化、农民老龄化这“新三化”问题愈发突出。这些现象已引起了社会各界的高度关注，相关的讨论也很多，政府部门、科研机构、高等院所都在积极地出谋划策，贡献自己的智慧，寻找解决这一问题的“中国方案”。

重视这个问题，就必须实地了解这一问题。先秦时期的著名思想家荀子曾说：“不积跬步，无以至千里；不积小流，无以成江海”。对“三农”问题的了解不能凭着一时的热情，一时的心血来潮，必须要有“沉下去”的毅力，下到基层开展广泛而深入的调研，开展“接地气”的研究，实践出真知，否则一切的研究都是“空中楼阁”，是“纸上谈兵”。只有把相关研究踏踏实实地建立在牢固而科学的基础上，把论文写在祖国的大地上，才能为践行乡村振兴战略、实现中华民族的伟大复兴，提出合乎国情、合乎民生的真方法、实经验。

我们欣喜地看到，除了经验丰富的老专家，来自中国农业大学国家农业农村发展研究院的一批充满朝气的青年人也参与到这一讨论中。他们关注的议题广泛涉及了农业生产变迁、农民生活变化以及农村社会发展等方面，关注的议题既包含了土地问题、劳动力结构变动、资源环境、商品交易，也包含了产业发展、人际关系变迁等，写作的方法既有充满感情的写实，也不乏理论的思考，深刻地反映了当代青年学子对生于斯、长于斯的这片故土的热爱。他们可能经验有所不逮，观察未必周全，但相信经过长期的积累，会对中国的“三农”问题有一个更透彻的了解，会成为解决中国“三农”问题的生力军。

中国农业大学国家农业农村发展研究院（前身为中国农业农村政策研究中心）从2004年成立，迄今已经十四个年头了。这十四年中，培养了一百多名研究生，撰写的多篇政策报告获得党和国家领导人的重要批示，充分发挥了智库的功能。每年年初举办的中国农业发展新年论坛已成为探讨我国农业农村农民理论和政策问题的具有品牌性、标志性的重要活动。2018年与国务院发展研究中心、人民网舆情数据中心等机构共同获得了由中国社会科学评价研究院、经济日报社中国经济趋势研究院颁发的中国智库咨政建言“国策奖”，反映了社会对其这些年工作高度的认可。研究院培养的研究生广泛活跃在我国“三农”事业的各条战线上，受到所在单位的充分肯定。

北宋大文豪苏东坡在《稼说》一文中写道：“博观而约取，厚积而薄发，吾告子止于此矣！”相信中国还有很多像国家农业农村发展研究院的研究生们一样的年轻人，对“三农”问题充满兴趣，迫切希望能为“三农”问题的破解贡献自己的力量。不断开展这种扎扎实实的调研是十分必要的，只有经过长期积累，对中国“三农”问题有了扎实而深刻的感性认识和理性思考之后，才会对中国农业充满激情、对农村充满热情、对农民充满感情。有情怀的人多了，解决中国“三农”问题的队伍就壮大了，这也是实现我国乡村振兴伟大目标的希望之所在。

陳锡文
二〇一九年元月

目 录

序言

第一篇　农业生产变迁

那村，那地，那人
——沂蒙山区之农业生产变迁 ………………………………… 李新兴（3）
繁荣、衰落与复兴：乡村优势产业嬗变的逻辑与启示
——以河南省庙上村烟叶种植为例 …………………………… 郑阳阳（17）
何去何从？改革开放以来我国农村劳动力就业结构变迁
——以山东省日照市王家岭村为例 …………………………… 王宏磊（34）
穷则思变：贵州大荣村如何实现产业兴旺？……………………… 宁　静（48）

第二篇　农民生活变化

新社区，老村庄：改革开放后农民生活条件变迁及思考
——以山东省邹平市牛家村为例 ……………………………… 丁志超（63）
挣扎与希望
——农村女性视角下的乡村医疗和教育变迁 ………………… 邢璐瑶（77）

养老之路在何方？
——山东省威海市农村养老的变化及启示 ……………………鞠劭芃（88）
食、货与乡村之易：零售业窥视下的村庄变迁
——山西省运城市盐湖区东纽村 …………………………………… 马 烈（100）

第三篇 农村发展纪实

金山银山不如绿水青山
——雒庄集经济发展与环境污染的变迁及思考 ………… 吕 源（119）
“园”聚百业，交“乡”辉映
——四川遂宁永河现代农业产业园与永兴镇长五间村调研纪实
……………………………………………………………………… 李辛一（130）
资源困境：西南地区农村“三农”问题调研纪实………… 汪武静（143）
人情消费还是消费人情：面子与里子的抉择及其原因
——以江苏省三个村为例 ………………………………………… 王凤婷（159）

第四篇 土地制度变革

行将消失的村落：农村住房变迁及宅基地综合整治
——以江苏省 X 村为例 …………………………………………… 李 雷（173）
羁绊还是留恋：城乡一体化中农民“三权”问题调查与思考
……………………………………………………………………… 冯娜娜（186）

写在后面的话 ……………………………………………………………（199）

第一篇　农业生产变迁

那村，那地，那人

——沂蒙山区之农业生产变迁

李新兴*

任何时候都不能忽视农业、不能忘记农民、不能淡漠农村，必须始终坚持强农惠农富农政策不减弱、推进农村全面小康不松劲，在认识的高度、重视的程度、投入的力度上保持好势头。

——习近平，2015 年，吉林调研

新农村建设一定要走符合农村实际的路子，遵循乡村自身发展规律，充分体现农村特点，注意乡土味道，保留乡村风貌，留得住青山绿水，记得住乡愁。

——习近平，2015 年，云南调研

“爷爷，最近这十来年，您觉得咱们村最大的变化是什么？”，爷爷冥思片刻说道，“发展得太快了。”“这表现在什么方面呢？”，爷爷微微一笑言道，“你看咱们邻里左右，小年轻们都买了车（汽车），放在十年前想都不敢想。”正说着，大街上驶来一辆越野，坐在路口乘凉的爷爷急忙帮腿脚不太灵便的奶奶移走板凳，临近，越野车里伸出一张笑脸，“四爷爷，坐路边凉快呢？”“是的，回家帮忙秋收啊？”“是的，四爷爷。”“新兴，放假了？有空来家里玩啊。”原来是本族大伯家的堂哥从城里回来了，我急忙答话：“行，大哥。”车子缓缓的拐向大伯家方向去了。

* 李新兴（1989— ），男，山东临沂人，中国农业大学 2016 级博士研究生。

这段对话发生在山东省临沂市费县梁邱镇双兴村，这是我的故乡，也是我生于斯、长于斯的地方。随着工业化、城镇化的快速推进，原本热闹的乡村生活已经发生了巨大变化。

一、故乡概况

临沂，也许古称“琅琊”更为有名，她是中华文明的重要发祥地之一。但现在说起临沂，人们可能会立马联想到另外两个词：“沂蒙山区”和“革命老区”，顺着这两个词汇往下缕，还想到另一个词“穷”。是的，历史上的临沂很穷，一度“穷”到让匡衡“凿壁偷光”。穷则思变，进入新千年（2000 年）以后，贫困破败的面貌开始改观，经过十几年的发展，往昔那段“交通基本靠走，通信基本靠吼，取暖基本靠抖，治安基本靠狗”的岁月渐入史册，一个崭新的面貌展示在世人面前。

回首故乡，回望滋养、哺育过我的地方——双兴村，不禁感慨万千。双兴村，原名西庄村，是一个位于镇政府驻地西南约 5 公里的一个普通行政村，占地面积 1 800 余亩*，耕地、建设用地和其他农业用地占比分别为 65%、7% 和 28% 左右，村内居住着大约 375 户 1 200 口人，“地少人多”是双兴村的真实写照。城乡差距、农业与非农收益差距导致很多农户外出务工，足迹遍及天南海北，但囿于文化水平，多从事建筑业、采矿业等体力消耗型的职业为生，而坚守在农村的农民继续从事粮食、畜禽等农业生产活动。

生于农村，长于田野，有幸见证了故乡近二十年来农业生产方式由传统的人力、畜力为主向现代机械化作业的变迁，中间虽夹杂着传统自然经济的回归，但总觉得这场“转变”来得太快、太过突然，记忆中的乡村在成长，人们的物质财富在不断积累，但故乡却已经变得很陌生。

二、农业生产之变迁

（一）土地：从精耕细作到“兼业化”

20 世纪 80 年代初，村集体领导班子决定以户为单位，按照人口和

* 亩为非法定计量单位，1 亩 = 1/15 公顷。——编者注

劳动力平均分配土地，实现家庭联产承包责任制，在“交够国家的、留足集体的、剩下就是自己的”这一制度激励下，农户对待土地就像对待自家孩子一样极其爱护，精耕细作可谓到了极致。“人勤地不懒，你怎么对待它，它就怎么对待你”，本族的大伯说，“那时候，大人们一天到晚都在地里忙活，每到周末，家里的小孩也要到地里帮忙播种、薅草（除草）；房前屋后也会种上蔬菜瓜果，有余力的还会到山顶开荒，以前你爸爸不就在山顶上开了一亩多地的荒嘛。”我点了点头，父亲是一个闲不住的人，除了经营好承包地之外，还经常去怪石嶙峋、杂草丛生的山顶上开荒，用父亲的话说，“反正闲着也是闲着”。开荒地的土壤特别肥沃，结出的花生、谷子，其籽粒比山下基本农田里施用化肥种出来的还要饱满，常常被当作来年的种子。

进入2000年以后，城里众多的就业机会、良好的生活条件吸引了越来越多的农民进了城，部分农户甚至举家进城，土地对于农户的重要性开始发生分化。对于长期留守在农村的农户，特别是妇女和老人，拥有土地便是拥有一份社会保障，最起码能够通过自食其力，减少生活必需品特别是粮食购买的花销。对于长期在外务工特别是举家进城的农户而言，农业已经演变为其“副业”，当无暇顾及田间生产时，他们首先想到的是改变种植结构，从而导致耕地“非粮化”等问题的出现，最明显的就是基本农田变林地（图1），在土地贫瘠的地带，甚至还存在着撂荒或者“明种暗荒”的现象。

图1　山顶俯瞰农田：粮田变林地

第二轮土地承包到期后再延长三十年的政策为农户土地经营吃了一颗“定心丸”。土地确权、农村集体土地“三权分置”、机械化作业为土地规模化经营创造了条件，但在“人多地少”以及留守妇女、老人“全职”务农等诸多因素的影响下，村子里的土地流转极不顺畅，用爷爷的话说便是“好的地块不愿转，差的地块转不出”。

2005 年以后，外出农工的农户开始大兴土木、重整家园：或拆旧盖新，或在自留地上新建，还有一部分农户自选房址，将房子盖在道路两侧的基本农田之上，当然，也不乏换地（调换承包地）建房的农户，“这不合法吧？”我问道，大伯回了一句，“反正没人问这事，谁有钱谁就盖屋。”

正说着，年近半百的五叔抱着孙子走过来了。五叔初中文化水平，早些年在村里当过会计、电工、木匠和泥瓦工，村里婚丧嫁娶、整修电路、做家具、盖房子总少不了五叔的身影。“五叔，今天咋没去盖屋啊？”五叔答道，“现在哪有盖屋的了，村里的屋都盖得差不多了，现在上面（镇、县政府）对盖屋管的可严了，新宅子（宅基地）不批（批准），除非把老宅子拆了盖新的；上面通过卫星图对比，只要是 15 年（2015 年）以后没有批准的，盖的新建筑一律拆除，对占用耕地的打击力度很强，就是在自留地里盖也不行。”我突然明白了自主创业的哥哥在河南岸建的山羊养殖场为啥被县政府拆了：未经批准，占用了可耕地。

访谈笔录 1：土地

大伯：现在世道不一样了，一天到晚和稟了头（方言，指土地）打交道挣不了几个钱，不如出去打工。

爷爷：有本事的都出去了，拖家带口一年到头不在家，只有在外面干不动、包工头不要了才想着回家里种地，种不了的就让给儿女、亲戚、邻居种，只要地里不长草就行，还不用给租金；再不济就种树，种上树就不用问事（管理）了，你看看西湖（地块名称）那一片上百亩的一级地，就是因为有一家没劳力（劳动力）种地了，然后就种了树，其他农户怕自家庄稼被他家的树影着（影响采光），也跟着种树，现在西湖那一片地全都种了杨树。黄土地那一片地和半山坡都一个样，以前种果子（花生）、芋头（红薯）啥的，现在都栽树了，现在的地没有以前那么金贵了。

笔者：农田里栽树没人管吗？

爷爷：也有人向县里、市里反映，没用。分给各户的地，人家想种啥就种啥，不好管。

笔者：现在村里流转的地多吗？

爷爷：不多。本身村里的地就少，分到户里的地更少；种地不挣钱，流转协商还很麻烦，一亩地（流转费）才四五百块钱，也不愿意往外转。

大伯：咱们这里位置太偏，不得路，要是靠近北京、上海那些大城市，能把咱这里的蔬菜瓜果运出去还差不多。

笔者：那我爸在山顶上开的荒地现在种的啥？

爷爷：早就不让种了，以前开的荒地全都让大队（村集体）收回去了，前两天村里还给每户发了一张《开荒地收回通知单》，现在又不像以前那样天天过着吃不饱、穿不暖的日子。

……

（二）田间劳作：从人工到机械化

田里的作物一年两熟（或者两年三熟），小麦玉米轮作。小麦种植前需要翻地，而在机械化作业尚不普及的年代（2000 年左右），田间地头经常呈现全家老少齐上阵的繁忙景象：妻子在前面拎着袋子撒化肥（或者农家肥[①]），丈夫则在后面翻土，质地疏松的地块用铁锨翻，质地硬黏的便用镢头刨，老人（丈夫的父亲）若还能劳作，也会去地里进行农事指导，老太太则负责在家里做饭。如果是周末，小孩也要帮忙，或在家里帮着烧火做饭，或往田间地头端茶送水。彼时，村里的牛很少，一家有牛，亲戚、邻居都会受益，关系稍微生疏的则会选择承租。牛主人执鞭牵牛亲自给承租方耕地，耕地的速度相对比较慢，一亩地需要一上午甚至更久，耕地的费用十到二十元不等，但对于当时的农民来说已是一笔不菲的开支。

① 农家肥以人、畜、家禽粪便为主。绝大多数农户种地施肥首选农家肥，农家肥绿色无污染，自家产的农家肥不需其他开支；若是自家没有农家肥，则会考虑去肉鸡、肉鸭养殖户购买，购买农家肥的价格远低于化肥。至于施用，一般是在翻地前的一两周甚至一两个月用独轮车把农家肥运送到地里，翻地前用铁锨均匀撒到地里即可，若觉得肥力不够，再稍微施撒一些化肥。

这样的情景让我不禁想起了唐代颜仁郁的一首诗《农家》:

农　　家

唐·颜仁郁

半夜呼儿趁晓耕，羸牛无力渐艰行。
时人不识农家苦，将谓田中谷自生。

田地翻好之后，“万事俱备，只欠秋雨”[①]。小麦播种使用的是人力播种机，由两三个人在前面牵引，一个人在后面扶持，由于地已经被翻过，所以播种相对轻松些。至于小麦种子，既有自己留种的，也有预定其他农户的，还有一部分是从村、镇指定地点购买的。小麦播下以后至来年冰消雪融之前的这段时间属于农闲时节，之后，除草、追肥、打药、灌浆等各种田间管理工作接踵而来，农户们便又开始忙碌起来。

6 月中旬左右，双兴村开始麦收，田间再次呈现一片繁忙的景象：或拿镰刀割麦，或拿麦秆搓绳，或往麦场运送麦捆，不上学的孩子也会跟着去地里捡拾散落在地里的麦穗。

观 刈 麦

唐·白居易

田家少闲月，五月人倍忙。夜来南风起，小麦覆陇黄。
妇姑荷箪食，童稚携壶浆，相随饷田去，丁壮在南冈。
足蒸暑土气，背灼炎天光，力尽不知热，但惜夏日长。

孩子干活干累了或者不愿意干了，也特别好哄：饿了买包方便面或者买根火腿肠，渴了买根冰棒、雪糕。2000 年前后，当时的物价还不高，一块冰棒只要一毛钱，上好的雪糕只卖五毛，要是攒够一块钱，便可以买个很大的西瓜了……

麦子收割后要运到麦场晾晒，脑海里至今仍闪现着一帧麦场的画

① 若土质潮湿也可以直接播种，土质干燥影响小麦出苗。

面：那一天，父母都下地收麦子了，我和邻家的一位大哥哥在麦场“看”麦子（主要是驱赶麻雀、翻晒小麦）。正坐在麦秆垛下面聊着天，突然觉得有人推了一下麦秆垛，大哥哥用手指了指东又指了指西，示意分头行动逮住那个恶作剧的人，找了许久也没寻见，大约 20 分钟后，满天的飞机飞来飞去（据说是在视察灾情），一位推着独轮车往麦场运送麦捆的大叔告诉我们，刚才地震了……

麦收之后便是种玉米。玉米种子均是从种子站购买的，因为农户清楚地知道，玉米种子退化速度特别快，自家留种的话，第二年很可能会减产甚至绝收。玉米的种植比较耗费劳动力，种的时候，一人刨坑，一人放种子，刨坑的人刨完坑后再放化肥，而放种子的人再负责将坑埋上。玉米出苗之后便是间苗（村里种玉米的时候，一个坑里普遍放两粒种子，若两粒都发芽就拔掉一株）、补种（和间苗一起进行）、除草、追肥等一系列农事（图 2）。田间休息的时候，他们也会在心里盘算这样的付出是否值得，部分“不安分”的农户决定到外面的世界寻找机会，也正是外出“闯世界”这一部分农民钱包率先鼓了起来。有了钱之后，他们又干起了更“不安分”的事业：购买拖拉机承接耕地服务。

图 2　农民除草情景

2010 年刚入夏的时候，村委会高音喇叭里传来广播“有想用收割机收割的（农户），请抓紧时间到大队来登记”。没过几年，村里又有了播种机的影子。自此，小麦、玉米生产从耕地、播种、收获、运输等主要环节均实现了机械化，在“面朝黄土背朝天”的帽子即将甩掉的时候，又有“一小部分”农户打起了算盘：耕地、播种、灌溉、收获、运输若全部使用机器的话，要比传统耕种多投入四五百元，种粮的收益也会因此大大减少，于是，村里又出现了新变化：镢头和铁锨还没撂下几年，又被他们重新拾了起来，一到农忙时节，就会看到田间地头三人一组、五人一伙一起劳作的“互助组”。“互助组”自发组织，成员以妇女为主（丈夫基本在外务工），农闲时可能聚在一起拉家常，农忙时则聚在一起劳作。“互助组”的成员也相对不固定，基本以互换劳动为主，今天A农户帮B农户劳作，明日B农户可能就要帮A农户劳作；成员间劳作时，由接受帮助的农户提供午餐和晚餐便可，不用给予其他劳动报酬。

访谈笔录2：田间劳作之种植

笔者：现在种地比以前省事了吧？

爷爷：省事多了，一根烟的功夫，拖拉机就能把地耕好，收割机收割麦子更快。

笔者：耕地和播种费用高不高？

爷爷：百了八十块（80～100元）一亩，也不贵；也有几家合伙一起种的，相互帮忙的，轮到谁家，谁家管（提供）一顿饭就行，不用给钱；也有从外村雇人的，一天80块钱，再管一顿午饭就可以了。

笔者：以前不都是自己种地嘛，怎么现在流行使用机械或者雇人了？

大伯：图省事呗，现在的青壮年都出去打工了，收入多了，也就不在乎那百了八十块的，地里面挣得少就少点吧，总不至于把地抛荒吧。现在粮食也卖不上价（价格不好），头几年玉米价格能卖到一块二（1.2元/斤*），这两年也就卖个八九毛（0.8~0.9元/斤）。

笔者：花子（金银花）和果子（花生）怎么样？

大伯：花子还行，干花子能卖到一百多一斤，“非典”那几年炒到了上千块，老品种的花子不行了，一年只开一季，现在流行四季花（一个金银花品种），花期比较长。

笔者：采花子起早贪黑的，挺辛苦的！

大伯：谁说不是呢。采花子不能让花子开败了：开败了的话，不压秤，口感也不好。还是年轻好，浑身是劲，也不知道哪里来的劲，即便累了，抽根烟就好了，现在不行了，六十好几的人了，白天采一会花子，到晚上就跟炸老油条似的，翻来覆去浑身不得劲（不舒服）。

---

* 斤为非法定计量单位，1斤＝500克。——编者注

（三）农副产品去向：从自给到销售

小麦是村民最主要的口粮作物。在留足口粮后，其余部分悉数卖给了来村里收购的小商贩。村里的主食是煎饼[①]。刚开始吃的煎饼是全麦煎饼，因为难嚼，后来在小麦磨粉的时候添加了大豆、地瓜、花生等，质地与口感虽有明显改观，但仍比不得“富农”吃的面煎饼（面粉做的煎饼，与全麦煎饼相比，少了麸皮）。素来节俭的村民生活即便富裕了，也仍以煎饼为主食，虽然也会吃烧饼、馒头等面食，但后者常出现在宴请的场合。

玉米、畜禽由自家消费转向市场。2000 年的时候，村里每户都会养一些畜禽，可谓肥猪满圈、鸭鹅成群、山羊遍野。随着收入水平的提高，农户对自家的居住环境也有了新的要求，村里畜禽养殖出现分化：猪、鸭、鹅散养农户逐渐减少，而规模化养殖户逐渐增多，传统用于改善营养的家禽摇身一变成为农户增收新渠道，玉米也由自家消费转向市场销售。

农产品逐渐成为农村人走亲访友必备佳品。春节和中秋节是农村人必过的节日，中秋节刚好赶上花生、大枣、板栗、玉米等作物收获，2000 年的时候，村里人的亲友多是农村人，走亲访友一般要带些亲友家没有的礼物，酒、月饼、糕点成了送礼的“标配”，很少有人带土特产品。随着外出经商、从政、婚嫁等现象越来越普遍，进城的人以及城里的亲友也日渐增多，走亲访友所带的酒、月饼、糕点等礼物也悄然被农户自家产的花生、花生油、大枣、板栗、金银花等土特产品所取代，记得路遥在《平凡的世界》有一段关于田福堂去城里看望田福军的描述，所带的礼物就有煎饼和小米。

玉米、小麦等粮食作物，因时常有小商小贩上门收购而不愁销路，但对于规模小、易腐易烂、不便运输的瓜果蔬菜而言，则需农户到周边集贸市场上费一番周折。集贸市场的交易对象多为本村、邻村的村民，相对缺斤短两，交易双方对货币更为“费心”：卖主在收到大额钞票后的第一反应是验明真伪，即摸摸质地、查看水印，生怕收到假币；买主在接零钱的时候也是一万个不放心，又是看又是摸。随着电子支付手段的发展，微信、支付宝“扫一扫”已经席卷城镇大街小巷，但对于文化

① 现如今，“煎饼卷大葱”已成为山东一道响当当的地理标识产品。

程度普遍偏低的农户而言，现金交付依然是农村集市交易的主要媒介。城乡瓜果蔬菜价格相差很大，村里也有部分农户做起了往县城贩卖瓜果蔬菜的生意，尽管舟车劳顿（利用自家的电动三轮车、小型货车），但是一想到城市能够获得更多收入时，所有的劳苦也就烟消云散。

颂古一百首

宋·释智愚

短袴长衫白苎巾，咿咿月下急推轮。
洛阳路上相逢著，尽是经商买卖人。

（四）收益：从农业到外出务工

2000年左右的时候，村里外出务工的人员比较少，基本以在家务农为主，务农收入构成了农户收入的主要来源，比重占80%以上，一个三口之家年种粮收入在两三千元左右，但若扣除成本、缴纳农业税费之后所剩无几，种植蔬菜、瓜果等劳动密集型的作物，收益相对高一些，“十亩田不如一亩园”。

彼时，对于绝大多数农户而言，猪、牛、羊等牲畜养殖承担的是一种零存整取的功能（主要是供出售，非自家屠宰，一头大概七八百元），而鸡、鸭、鹅等家禽养殖承担的是一种改善膳食结构的功能（主要是供食蛋吃肉）。村里圈养生猪的情况较为普遍，养殖规模也相对较小，每户一般养殖一两头，对于猪的管理也相对简单，一天投喂两次（早晚各一次，中午不喂），食材则以玉米、麦麸、地瓜干、花生饼（花生榨油后剩的残渣）、土豆、南瓜等为主，平时的剩菜剩饭也会作为猪的“美味佳肴”。很少投喂饲料，所以猪的饲养周期比较长，三四十斤的小猪仔养成二三百斤的商品猪需要半年甚至一年，但以这种方式喂养出来的猪，猪肉特别香。也正是因此，很多农户在婚丧嫁娶的时候，选择屠宰自家的猪，而不愿去集市去购买（当然，还有部分原因是集市猪肉价格比较贵；婚丧嫁娶的时候，行政工商部门也不会因生猪没有检验检疫或者缴纳屠宰税、印花税而进行查处）。春节前，一些胆大的农户也会偷偷屠宰生猪，因为他们知道，自己屠宰生猪可以赚到一份猪头和下货（猪内脏、猪血），大概一百多元钱，但他们心里也很清楚，私自屠宰生猪一旦被工商行政管理人员查处，不仅屠宰的猪要被没收，还要缴纳罚款。

随着城乡收入差距、工农收入的扩大，越来越多的农户选择进城务工，务工的时间也由临时工、农闲工转变为常年工，农户收入结构也相应地发生转变，务工收入逐渐成为家庭收入的主要来源，就2017年农户家庭收入而言，15 000元的人均收入中，务工收入占比高达85%以上，而务农收入占比不足10%；务农收入中，玉米、小麦等大田粮食的收入占比不断降低，板栗、花生、金银花、地瓜等特色经济作物的收入比重明显上升；蔬菜（芹菜、韭菜、莲藕、蘑菇）、苹果、桃子等作物产值虽然较高，但劳动力消耗也相对较多，而且只有形成一定规模（5亩以上）时，才能使得产出与务工的收入相当，但迫于土地流转、市场销路、日常管理以及灾害风险等现实问题，极少有人进行尝试。

访谈笔录3：收益

笔者：现在一亩地能产多少粮食？

五叔：小麦的话能产一千来斤，玉米的话，不到两千斤。

笔者：现在种地收入和以前比，变化大吗？

五叔：我觉得差不多。以前种地还得交集资（农业税），现在虽然没有集资，但钱毛了（贬值）；种子、化肥、农药价格涨得太厉害，去了本（扣除成本），根本赚不了几个钱，丰产了也不一定丰收。

五婶：我给你算算哈，种玉蜀黍（玉米）的话，光种子就得3包，一包60（元）；耕地34（元）；种的时候，二胺一袋和复合肥两袋得要350（元），追肥的时候还得要两袋复合肥240（元）；灭草剂55（元）。

笔者：差不多860元，那玉米能卖多少钱呢？

五叔：1 800～1 900斤，就打1 900斤来算，8毛钱斤。

笔者：1520元，你们家这是种了多少地的玉米？

五婶：我算了算有一亩六，你听听哈，三分八加六分八，加一分七，加二分四，还有一块一分三（可以看出，村子里的土地较为细碎）。

笔者：恩，是一亩六。种玉米一亩地净收入也就400块钱，确实不赚钱。

五叔：这还没刨除人工费（自家劳动力），种地根本就没多大的利（利润）。

笔者：种粮食不是给补贴嘛？

五叔：给倒是给，就是给得太少了，一亩地才给百十来块钱（100元左右/亩）。想挣钱，一靠企业，二靠养殖业。

……

访谈笔录4：消费

大伯：以前日子过得很慢，逢年过节买块肉吃都得精打细算，买肉拣肥的买，谁买到肥的算谁有本事，现在买肉给肥的都不想要。

笔者：以前的肉也香，现在的肉也不怎么香了。

大伯：以前喂猪用的是粮食，半年到一年才出栏；现在喂猪靠饲料，三个月就出栏，你想想那个肉好吃不。

笔者：这么说，做饭也不怎么放肉了？

大伯：哪有人愿意吃荤菜，都想吃个青菜，冰箱里的那块肉都放好久了。

笔者：现在农村人过上了城里人的生活。

大伯：也就是最近十来年的事，放在十年前，冰箱、空调想都不敢想，就算是买得起也用不起，现在只电费一项一个月就得好几百。

笔者：家里联网了吗？

大伯：又不识字，就算联网了也不会用。联网也就看个电视呗，现在安了个有线（电视），想看什么台就看什么台，基本上什么节目都有。

笔者：怎么现在大街上没几个人呢，以前不都在大街上拉呱吗？

大伯：年轻的都出去打工了，剩下的都是老头、老太太和在家带孩子的妇女，家里都安装了空调，谁还在大街上受这个罪。

笔者：光吹空调对人也不好啊，恁家里空调一般开多少度？

大伯：二十七八度，也不敢开太长时间了，晚上开一会就关了。

笔者：晚上还逮知了猴（蝉的幼虫）吗？

大伯：逮。

笔者：逮的人多吗？

大伯：多，河滩上全是灯，逮知了猴的人比知了猴还多（夸张）。

笔者：小时候五分钱一个，最贵的时候一毛，现在呢？

大伯：现在七毛钱一个，晚上有人专人来收，收了往饭店里送。

笔者：你一晚上逮多少，逮了自己吃还是卖啊？

大伯：一晚上也就逮十个、二十个左右，逮了装矿泉水瓶里，然后放冰箱里冻着。

笔者：价格那么高，怎么不卖呢？

大伯：不值当得，也不差那十块八块的，再者说了，知了猴也是一盘好菜，冰箱里耐放。

……

三、一些感悟

二十年的光阴在历史长河中，不过弹指一挥间，可对于一代人而言，却又承载了太多的辛酸。“从前是人拉着国家向前走，而现在是国家推着人向前行。”从“负重前行[①]”到“搭顺风车[②]”向前飞奔，双兴村与中国绝大多数农村一样，走过了一段艰辛而又颇有收获感的发展历程。在这场变革中，村民的收入和生活水平在逐步提高，“数着米粒过日子”、“一年到头愁吃穿”的岁月已经成为历史，空调、电视、汽车开始走进寻常百姓人家，原来被当作“主业”的农业现如今已经被很多农户当做“副业”，村民似乎没有以前那样勤俭节约了……

在返校的路上，耳畔依旧回荡着五婶问我的话：“山上的地我们要不要承包？承包了种什么赚钱，快帮我们出出主意。”与二十年前相比，乡亲们的衣食已经无忧，却在“更上一层楼”的致富路上陷入了迷茫。

故乡还是那个故乡，是她供我衣食、伴我成长。比起人丁，故乡的草木日渐兴旺……

① 缴纳农业税。

② 享受各种扶持政策，比如补贴。

小康不小康，关键看老乡。一定要看到，农业还是“四化同步”的短腿，农村还是全面建成小康社会的短板。中国要强，农业必须强；中国要美，农村必须美；中国要富，农民必须富。农业基础稳固，农村和谐稳定，农民安居乐业，整个大局就有保障，各项工作都会比较主动。

——习近平，2013 年，中央农村工作会议

中国要强农业必须强，中国要美农村必须美，中国要富农民必须富。要坚持把解决好“三农”问题作为全党工作重中之重，加大推进新形势下农村改革力度，加强城乡统筹，全面落实强农惠农富农政策，促进农业基础稳固、农村和谐稳定、农民安居乐业。

——习近平，2016 年，安徽调研

繁荣、衰落与复兴：乡村优势产业嬗变的逻辑与启示

——以河南省庙上村烟叶种植为例

郑阳阳 *

乡村振兴，产业兴旺是重点。必须坚持质量兴农、绿色兴农，以农业供给侧结构性改革为主线，加快构建现代农业产业体系、生产体系、经营体系，提高农业创新力、竞争力和全要素生产率，加快实现由农业大国向农业强国转变。

——2018 年 1 号文件《中共中央 国务院关于实施乡村振兴战略的意见》

一、调研背景

乡村振兴，产业兴旺是重点。2018 年中央 1 号文件提出，要打造一村一品、一县一业发展新格局。农业农村部从 2011 年开始推进“一村一品”示范村镇建设，每年从全国遴选出一批有特色的“一村一品”示范村镇，其主要作用是把有地方特色和区域优势的主导产业做强做大，将资源优势转化为经济优势，强化乡村建设的产业支撑。由此催生了一批发展比较好的村庄，如河北省邢台隆尧“一村一品”示范村优质苹果、江苏省吴江市七都镇渔村社区的太湖蟹等。同时，当前我国扶贫事业正处于攻坚阶段，其中，产业扶贫作为扶贫的主要模式和根本之

* 郑阳阳（1990—），男，河南许昌人，中国农业大学 2016 级博士研究生。

策。产业扶贫作为一种内生发展机制，从“授人以鱼”到“授人以渔”，目的在于充分发挥其“造血”功能，培育贫困区（贫困户）内生发展基因，增强经济发展的内生动力，激活农村发展潜能，阻断贫困发生的诱因，使贫困户获得可持续发展的能力（吴云超，2014）。因此，在乡村振兴过程中，要着重做大做强当地优势特色产业。

笔者暑期在对河南省庙上村的调研中发现，烟叶曾经是庙上村的优势产业，然而，随着时间的推移，其烟叶产业慢慢走向衰落，直至消失，但近几年又开始悄悄复兴。庙上村这段烟叶产业兴衰的历史引起了我极大的兴趣。2018 年恰逢中国改革开放 40 年，在这 40 年里，我国经济发展日新月异，整体的经济和社会条件在不同的历史阶段也呈现出不相同的特征。因此，有必要从历史变迁视角，分析乡村特色优势产业的变迁及其背后的逻辑。这既是对中国改革开放 40 年经验的总结，也是对中国未来农业发展的展望。同时，也希望通过对案例的详细分析，发掘案例背后的微观运行机制和深层次原因，以期得出一些共性的经验和教训，从而为当前正在实施的乡村振兴战略提供一些启发性的参考。虽然庙上村是中国众多乡村中普通的一个，但是，庙上村与其他乡村一样同处于中国改革开放的时代浪潮中，当前也正在乡村振兴战略的指导下砥砺奋进、逐梦前行，可以说庙上村是中国改革开放 40 年来乡村发展的缩影之一。其所面临的困境，其他乡村或许也同样存在，其所得的经验教训，对其他乡村可能也同样具有借鉴意义。

二、案例介绍

依托中国农业大学国家农业农村发展研究院的暑期调研，笔者于 2017 年 7 月 20—28 日和 2018 年 7 月 30 日至 8 月 5 日，对庙上村的烟叶种植进行详细的调研。为了获得更全面的信息，我们访谈了庙上村不同年龄段、不同收入水平的 11 位农户（为了分析方便，对访谈农户用字母表示，分别为村民 A ～ K）。对于模糊或者不清楚的信息，在后续分析中主要通过电话或者微信进行沟通确认。对于庙上村的详细介绍如下：

庙上村属于河南省许昌市襄城县，位于河南省中部地区，地形以平原为主，耕地面积约 3 100 亩，人口约有 2 772 人，气候属温带大陆性季风气候。距离县城 18 公里，距最近的省道 1.5 公里，当地灌溉和饮用水以地下水为主，目前主要种植作物为小麦和大豆。根据《襄城县志·地名考证》记载：靖康二年（1127），金兵俘徽、钦二宗北去，赵构南逃，途中人困马乏，遇一村，有百姓箪食携浆以饷之，康王感激，随封此村为康封店。后人建庙以示纪念，此庙曰康封庙，因此，村庄被称为庙上村。历史上，襄城县烟叶种植可以追溯到 17 世纪，1913 年，烤烟引种成功，由于自然条件优越，该县曾是全国三大烤烟发源地之一，所产烟叶量多质优。20 世纪 40 年代被誉为“东方的弗吉尼亚”、“种烟圣地”和“烟叶之乡”等。新中国成立后，烟叶得到更大的发展，被盛誉为“中国烤烟在河南，河南烤烟在襄城”，1958 年毛主席亲临视察，赞誉为“烟叶王国”。其中，庙上村作为襄城县耕地面积和人口数量较大的行政村，自新中国成立到 1993 年，烟叶都作为庙上村的优势产业，但从 1993 年开始，种植烟叶的农户越来越少，到 2002 年左右，全村几乎没有一家种植烟叶，然而到了 2016 年，又开始出现个别的烟叶种植户，与以往不同的是，这些种植户的规模比较大。那么，哪些因素导致了庙上村烟叶种植的兴衰更替，为探寻其变迁背后的奥秘，笔者尝试根据访谈资料进行深入剖析。

三、庙上村烟叶种植的历史变迁

在不同历史阶段，社会环境和经济发展水平也不尽相同，作为理性的“经济人”都会根据当时的历史条件做出基于当时情形下的最优决策。对于庙上村，由于不同历史阶段非农就业机会、经济发展水平和政府政策等并不相同，作为社会经济系统的一部分，庙上村的烟叶种植也不免受到大环境的影响，历经繁荣、衰落和复兴三个阶段。具体分析如下：

（一）繁荣时期：1982—1992 年

在 1982—1992 年期间[①]，庙上村烟叶种植非常普遍，大约有一半的农地都用来种植烟叶，而且，烟叶价格非常高，在当地区域也小有名气。在这个时期，烟叶等经济作物成为人们的主要收入来源，约占农户

① 1982 年，庙上村实行家庭联产承包责任制，在此之前都是属于生产队，为了分析农户的农业生产行为，本文主要分析 1982 年“包产到户”后的烟叶种植情况。

总收入的50%。在烟叶收获季节，村庄内男女老少都是忙着掰烟、上烟（把烟叶绑扎在一根竹竿上面）和炕烟，到处都是忙碌的身影，好不热闹。

归纳此时期庙上村烟叶繁荣的原因主要有：①显著的传统声誉。历史上，庙上村所在县是全国三大烤烟发源地之一，已有100多年的历史。1958年毛主席视察襄城县，称这里是“烟叶王国”，从此就有“烟叶王国”、“金襄县”的美誉，毛主席的赞誉更是一块金字招牌。历史的荣誉恩泽于当地的农民，一直延续到1982年包产到户之后，庙上村村民去外地卖烟叶的过程中，只要说是襄城县的烟叶就不用检测，直接归为最高品级的烟叶。②自然条件优势。由于庙上村气候温和，雨量适中，土壤磷、钾含量高，非常适宜于种植烟叶。与世界著名的烤烟圣地美国弗吉尼亚同处一个纬度，生态气候条件十分相似，也被誉为“东方弗吉尼亚”。因此，庙上村的烟叶种植面积大，质量好，价格也高。③劳动力优势。由于当时刚刚改革开放，非农就业机会非常少，庙上村有大量的劳动力，而由于当时机械化程度和农业社会化服务水平非常低，烟叶的种植、收获非常麻烦，恰好需要大量廉价劳动力。④比较收益高。农民作为理性的“经济人”，其决策都是为了实现自身利益最大化。根据农户的访谈，笔者计算种植烟叶的“成本—收益”（表1），在正常年份，每亩净收益可以达到450元，而当时种小麦500斤/亩，0.45元/斤，玉米1 000斤/亩，0.25元/斤，大豆250斤/亩，0.65元/斤，去除种植小麦、大豆和玉米的化肥、农药成本，每亩净收益远远低于每亩烟叶的收益。特别是在1987年，烟叶价格非常高，一亩的收益能够达到1 000元左右，当时，有的农户因为烟叶收益高而购买了农业机械（比如手扶三轮车）。可以说，当时的“天时、地利、人和”等多种有利因素汇聚到一起，使庙上村烟叶种植呈现一片繁荣的景象。

（二）衰落时期：1993—2002年

从1993年开始，烟叶的质量和价格逐年下降，烟叶的种植面积也逐年减少，到2002年左右，烟叶种植户几乎消失殆尽。烟叶的辉煌历史在短短的10年间走向衰落、走向消亡。而大田作物（小麦、大豆和玉米）成为庙上村的主要种植作物。归纳庙上村烟叶衰落的原因，可以清晰地看出其背后的深层次逻辑。

表 1　每亩烟叶的成本—收益表

投入（元）	种苗	0
	农膜	10
	化肥	36
	农药	48
	灌溉	0
产出（斤）	产量	400
利润（元）	450	

注：在当时，烟种是自己留的种子，农膜 10 元 / 亩；化肥 6 元 / 斤，6 斤 / 亩；农药 6 元 / 次，8 次 / 亩；80 年代末期，灌溉都是人工（由于当时外出务工机会很少，因此，不考虑农民务工的机会成本）。烤完后产量 400 斤 / 亩，中一烟：2.8/ 斤，中二烟：2.12/ 斤，中三烟：1.14/ 斤（根据村民回忆整理）。

资料来源：笔者根据访谈资料自己整理。

1. 农户组织化程度低

提高农户的组织化程度，将分散化的农户组织起来，能够规范化其生产行为，降低市场交易费用，有效地抵御市场风险，是化解“三农”问题的有效途径。

在 20 世纪 80 年代和 90 年代初期，庙上村平均每人 1.3 亩土地，平均每 5 户就修建有一座烤烟房，在那个时期，烟叶如日中天，烟叶质量好，收益也比较高。但是，一家一户的单打独斗，造成了当地的种烟成本比较高，虽然村内也出现一些类似“农业生产互助组”的形式，但对于偌大的市场，这些都微不足道，而且这些“互助组”仅仅是限于个别烟叶生产环节，同时也产生了明显的集体行动困境。例如，由于种烟时很费人工，一般都是两三家合伙栽种烟苗，等到烤烟时，七八家用一个烤烟炕，这就会带来一个问题，烟炕的所有者会根据自己家烟叶的情况来掌控温度，而不管其他家烟叶烤得怎么样，最终造成有的烟本来是中一烟，烤完后是中二或中三烟①。同时，由于缺乏统一管理，没有按照标准化来种植，种出来的烟也都是各家各户单独卖。其中，在卖烟过程中，有的烟农去这个地方可能卖个好价格，另一些烟农由于没有找到好的销路，价格会低一些。由于庙上村的烟叶很有名，许多收购商甚至不认真检查就直接收购，然而，在缺乏组织行动约束的情况下，个别烟

① 烟的质量等级从高到低分为：中一、中二、中三、中四和中五。

农开始在自己包装好的烟里面加钢板、砖头或小石头，造成许多烟叶加工厂在加工烟时机器损害，虽然这只是个别现象，却损害了整个乡镇、甚至是整个县烟叶形象。如村民 B 说，“从那以后，我们的烟虽然还照样收购，但是不像以前那么热销了，检查时也严格多了……过了几年，到 1993 年左右，甚至有的地方烟站，一听说是襄县的烟，都不收了”。1993 年以后，种植烟叶的农户越来越少，直到 2002 年左右消失殆尽。

2. 缺乏能人带动

农村能人（又称农村精英）是指在农村里比一般人拥有更强的致富能力，眼光更前瞻，思维更敏捷灵活，他们往往在一个小范围内很具有影响力和感召力。在村域经济发展中起着关键作用，对周围农民具有示范和带动能力。一般来说，农村能人部分或全部扮演着经济精英、政治精英和文化精英的角色，是资源链接者和引导者。

通过对庙上村的分析发现，从烟叶种植的鼎盛时期到没落时期，期间一直没有出现真正意义上的能人。一方面，与当时的大环境有关。1982 年刚刚分产到户，农民刚刚尝到家庭联产承包责任制的甜头，没有人会想着把全村的烟叶注册品牌，实行统一种植、统一管理、统一销售，当时也没有像现在一样出现这么多典型农民合作组织可以作为参考。另一方面，与农民的文化素质有关。许多村民都是小学或初中文化，没有规范化、标准化和统一化种植的意识和概念。阿罗认为有限理性就是人的行为，“即是有意识的理性，但这种理性又是有限的”。囿于小农户知识和能力的限制，农户的理性可能是“短期理性”，但从长远来看是非理性的，小农户或多或少都是短期的利益最大化者，缺乏长远的战略规划和思考。由于缺乏一个带头人的引导，许多小农户在大市场中处于弱势地位，种烟的大部分利润被流通环节的收购商所获取，加上个别农户的欺诈行为，造成当地烟叶形象受损，最终影响销售。

3. 农村劳动力流失

大量青壮年劳动力流失，带来耕地利用率下降、农业投资下降、“空心村”的形成以及农业生产梯队“老龄化”等问题，从而影响到农业基础稳固和国家粮食安全。当前中国农业的“老龄化”现象越来越严重，这是一个不容忽视的现象。

与种植小麦和大豆相比，种烟需要精心的管理，而且需要大量的劳动力。在种烟之前先要育苗，育苗时要时刻关注棚子里面的温度，温度高的话要放气，否则烟苗会被烧死，这是很费功夫的。在种植烟苗时，需要六个人协作才能完成，六个人一天只能种植一亩地烟苗。在烟叶生长过程中，如果土地干旱，要不断浇水，基本上是每隔一个星期都要打一次农药。在烟叶成熟时，两天修剪一次烟叉（当地叫做掰烟叉），而且，每摘一次烟叶都要修剪一次烟叉。最后，烤完烟还要拉到很远的地方去卖（当时的交通工具主要是自行车，而且自行车也不是每家都有）。由于当时社会化服务水平非常低，烟叶种植环节都是靠自有劳动力完成。可以说充足的劳动力是烟叶种植的前提条件。到了 1993 年①，我国南方尤其是深圳就业机会明显增加。与种烟相比，在南方务工的收入远远高于种植烟叶等经济作物（刚开始，普通员工每个月工资大概 200 元左右，后来，工资越来越高，2000 年左右时达到 500 元左右）。因此，庙上村开始有大量的青壮年劳动力外出务工，去南方打工也成为当时的潮流，并且都是老乡带老乡。由于种烟需要大量的青壮年劳动力才能完成，所以村里渐渐很少有人种烟了。具体来说，在 1996 年之后，庙上村大概有将近 3/5 的青壮年劳动力去南方打工，2001 年之后，务工地点从南方深圳、东莞扩展到福建、温州等地。因此，对劳动力要求较高的烟叶种植也随劳动力的流失而渐渐衰落。

4. 烟叶种植效益降低

在庙上村，烟叶作为一种最重要的经济作物，是当地农民的主要收入来源。但是，1993 年之后，随着非农就业的增加，非农收入开始超过农业收入，作为理性的经济人，自然会选择收益更高的非农就业。村庄的青年纷纷南下去追逐自己的梦想，以期获得更高的收入。同时，还有一个重要原因是当地土壤肥力的退化，先前庙上村因得天独厚的自然条件而使其所种的烟叶质量远超过其他许多地区，但是，随着年复一年的种植烟叶，加上常年施用化肥，土壤开始慢慢板结，磷、钾元素变少，种植的烟叶经常生病，而且出来的烟叶质量开始变差。如村民 B 所说，“农村人也不知道怎样科学合理的施肥，造成土壤的肥力减弱，烟叶快长成时看着很好，但是，过几天都不知道怎么回事变黑了”。因此，当种烟收益低于外出务工收益时，理性的农民自然会选择外出务工，可以看出，农民的行为选择符合“经济人”的经济学假说。正如舒尔茨

① 1992 年，邓小平南方谈话，党的十四大召开，确定建立中国特色社会主义市场经济体制，当时南方工厂需要大量的劳动力。

（2009）在《改造传统农业》一书中提出的，农民“首先是一个企业家，一个商人”，与资本主义企业家相比，毫不逊色。

5. 政府政策

政府作为市场经济中重要的主体，在产业政策指导、基础设施建设、市场推广、人才培育和资源保护等方面发挥重要的作用。农业作为弱势产业，受到来自自然和市场的双重风险。谭彦红和侯石安（2008）认为，在农业积累水平低、农业技术力量薄弱、农业劳动力素质不高的情况下，农业发展离不开政府的支持。为此，政府应从促进农业科技进步、培养适应现代农业发展的人力资本和创新制度安排等方面为农业发展提供支撑。

在 20 世纪 80 年代末期，襄城县有一半左右的土地种植烟叶，当时周边各个县每年都有收购烟叶的任务，当地政府规定本县的烟叶不能卖到外县。由于本县种植烟叶比较多，政府压低价格收购农民的烟叶，比如是中一烟的会被以中二烟的价格卖掉，所以庙上村烟叶种植户都想把烟叶卖到邻近县市（由于邻近的几个县市种烟很少或者没有，所以他们的收购价格会高很多，加上襄县的烟叶很有名，烟叶质量很好，周围县市的收购点非常愿意收购庙上村的烟叶），但把烟叶卖给外县是被当地政府明令禁止的，当地政府会在通往外县的每个路口派人防守，如果发现去外县卖烟的，将会被没收烟叶并罚款。庙上村村民开始想方设法地把烟卖到外地，如 B 村民所说，“我们每天凌晨 2 点或 3 点出发去偷偷卖烟，当时都是骑自行车带一百多斤烟，一起的有十几个人，每天都是骑行几百里地”、“我们这次去漯河舞阳卖烟，后来别人也去那卖烟，这样舞阳收购点的价格会降低，我们下次就要去另一个县，有时候卖烟要去好几天，如果你的车子链条掉了，等你把链条弄好，那么你就会找不到其他人了”。而且，当时不是谁都可以去外县卖烟的，家里要有年轻人、有自行车，而且要有胆量。另外，根据村民介绍，当时去外地卖烟，如果没有熟人，当地的村民会说他们有关系可以把烟卖掉，但是每斤烟要提成几毛钱。如果在本地卖烟的话，由于卖烟的人太多，去烟站卖烟有时候要排好几天队，如果有关系的话，比如认识烟师，不用排队而且烟叶可以卖个好价格，没有关系的话只能排队等着压价。而且，在当地卖烟的话，烟站往往会打白条，而在外地卖烟直接是现金。所以在与庙上村村民访谈时，他们普遍认为当地不种烟的最大原因是卖烟太难，正如村民 B 所说，“虽然种烟时很辛苦，但是农民是不怕吃苦的，就是种的烟卖着太难”。

（三）复兴时期：2016 年至今

当前，庙上村的非农就业非常高，95% 的村民外出从事非农就业，就业地点主要是郑州、温州和深圳等城市，约 90% 的都是兼业户或者以代际分工为基础的“半工半耕”家庭，非农收入占总收入的 85% 左右。种植作物主要是机械化程度高、农业社会化服务市场发育成熟的小麦和大豆。然而，在这样的经济社会背景下，消失将近 14 年的烟叶开始出现，但是与以往烟叶种植不同，目前种植的农户极少，不过种植的规模较大，而且烟叶的生产环节（如育苗、烤烟等）大量外包（图 1）。在庙上村，有一个种植大户承包了 300 亩土地，其中种植烟叶 82 亩（附近村庄同样出现了少数的规模化种植现象）。那么，哪些因素导致庙上村的烟叶开始复兴呢？

图 1　庙上村种植的烟叶

1. 政府的大力扶持

2003 年以来，连续 15 年的中央 1 号文件聚焦“三农”，鼓励和扶持新型农业经营主体[①]。2016 年，消失了 14 年的烟叶再次出现，与此前不同，目前烟叶种植户获得了政府的大力扶持。在庙上村，村民 K

① 2007 年颁布实施《农民专业合作社法》，2014 年中央 1 号文件提出家庭农场，2017 年中共中央和国务院出台《关于加快构建政策体系培育新型农业经营主体的意见》。

成立了种植合作社，2018 年承包了 300 亩地，种植烟叶 82 亩（2016 年、2017 年承包了 200 亩，其中，种植烟叶 60 亩）。通过对村民 K 的访谈发现，当初种烟就是因为“国家提倡，国家有补助”。如化肥每亩仅仅花费 100 元，其他由烟草公司补助，农膜完全由烟草公司补贴，同时负责收购烟叶。每亩烟叶 40 元的保险费，政府补贴 34 元，个人拿 6 元钱。而且，当地政府对种植大户每亩地补贴 200 元。因此，政府对烟叶种植和经营大户的补贴，促使烟叶种植户重新出现。

2. 资本的积累

随着非农就业机会的增加，农户非农收入也在不断增加，而非农就业一方面为农户规模化种植积累了资金；另一方面，农户在从事非农就业过程中获得了先进的思想和管理理念。如 Gonzalez（2011）的研究认为，非农就业提高了农户的风险承受能力，使其从安全生产的粮食作物转向了经济效益更高、风险更大的经济作物。进一步的，Chiodi 等（2012）认为在农村信贷约束的条件下，家庭成员的非农就业可以看成是融资渠道，能够释放农户的流动性约束。在调研的案例中，村民 K 在种植烟叶前在城市从事非农就业，一方面积累了一定的资金，另一方面接触了先进的思想和管理理念，从而促使其扩大经营规模，种植传统优势作物——烟叶。此外，根据霍桑实验，农户不仅具有经济需求，同样具有社交和情感需求，调研的案例中，村民 K 在家承包土地不仅可以获得经济收入，而且可以很方便地照顾其家人。

3. 农业生产分工

在斯密之前已有许多经济学家意识到分工在经济社会发展中的重要作用，但是，斯密第一个把分工置于经济学之首要地位。斯密认为“劳动生产力上最大的增进，以及运用劳动时所表现的更大的熟练、技巧和判断力，似乎都是分工的结果”（亚当·斯密，2009）。随着经济的发展，农业分工越来越细，农业生产的各个环节，特别是比较费劳动力且技术含量较高的环节都可以外包给专业的社会化服务组织或个人，而且，专业的社会化服务的供给也越来越多。由于农业生产的各个环节可以外包给专业的服务组织或个人，这样可以大大缓解劳动力短缺和技术问题，使农业生产者专心的管理农业。对于烟叶来说，虽然烟叶的育苗环节、烤烟环节对劳动力和技术要求比较高，但是，这两个环节都可以外包给专业的社会化服务组织或个人，因此，目前种植烟叶相对比较方便。如烟叶的育苗由烟草公司提供，对于比较麻烦的炕烟环节，可以租赁私人的炕（租赁一个炕需要 1 400 元，20 亩地需要一个炕。炕烟的师傅也可以从外部聘请，炕一炕烟 400 元）。但是，相对于机械化程度高、社会化服务市场发育成熟的小麦、大豆和玉米来说，烟叶种植仍比较麻烦。

4. 种烟的预期效益

根据舒尔茨的小农户理论，农户作为一个理性的“经济人”，以利润最大化为原则来配置要素资源。农户在是否进行规模化经营、选择何种农作物等方面是根据自身知识、经验和资源，经过“成本—收益”分析后的合理决策。一般来说，农户在做决策时考虑到当前的风险和未来的预期收益。由于庙上村具有种植烟叶的辉煌历史，受路径依赖的影响，当地村民对烟叶仍具有一定感情，而且，认为烟叶也能够带来比较稳定的收益，因此，对种植烟叶仍抱有一定的希望和预期（当前烟叶的成本—收益如表 2 所示）。根据对村民 K 的访谈，目前烟叶种植户与当地的烟草公司签订种植合同，烟叶成熟后可以直接卖给烟草公司，烟草公司会根据烟叶的质量等级，把烟叶的价格划分为 5 ～ 20 元不等，因此，烟叶的销售具有一定保证。在 2017 年，村民 K 的烟叶种植收支平

表 2　2017 年（村民 K）每亩烟叶的成本—收益表

投入（元）	种苗	60
	农膜	0
	化肥	100
	农药	1 000
	灌溉	500
	雇工费用	1 640
	土地费用	800
产出（斤）	产量	300
利润（元）	0	

注：根据对村民 K 的访谈，2017 年的烟叶正好收支平衡。烟叶价格是 5 ～ 20 元之间。化肥只需花费 100 元，其他由政府补贴，农膜完全由政府补贴。雇工费用包括种烟、拔草、掰烟杈、炕烟师傅等环节的雇工费用，其中种烟 200 元 / 亩，拔草 150 元 / 亩，掰烟 350 元 / 亩，上烟 70 元 / 亩，炕烟 70 元 / 亩，炕烟师傅费用约 800 元 / 亩，病虫害期隔 2 ～ 3 天就打药。由于土壤退化和种植方式不同，目前烟叶亩产量相比以前有所下降。

资料来源：笔者根据访谈资料自己整理。

衡，当问到为什么2018年还扩大种植时（2018年扩大了22亩的烟叶种植面积），村民K回答说，“种烟相对有保证，去年（2017年）主要是技术问题没有掌握好，烟叶质量有点差”。可以看出，村民K还是对未来烟叶收益抱有很大信心。

虽然目前庙上村的烟叶出现了复兴的迹象，但是，在烟叶种植过程中同样存在一些困境，具体表现在以下几个方面：①烟叶销售过程中的“寻租”。虽然烟叶种植户与烟草公司签订了购销合同，基本上可以实现“优质优价”。但是，烟叶在卖的过程中如果不认识烟草公司的人，或者没有关系的话，烟叶品质可能会被随意定级，烟叶很可能会降一个等级（一个等级差价2～3元/斤），而如果有关系的话，产品等级会被人为地提高一个等级。②劳动力短缺。随着经济的发展，非农就业机会越来越多，非农收入占总收入的比重越来越高，农村劳动力越来越少。在村民K的烟叶种植过程中，种烟、拔草、掰烟杈、绑扎烟等环节的雇工基本上都是女性，年龄在50～60岁之间，偶尔会有男性，也是60岁以上的。可以看出，当前农村劳动力比较短缺，而且呈现“老龄化”和“女性化”特征。同时，从表2和表3的成本—收益表中可以看出，目前人工成本约占40%，与80、90年代相比，那时劳动力充裕，劳动力机会成本低，几乎不存在雇工费用。③技术问题。据村民K反映，目前比较担心的是病虫害问题，虽然现在的农药比较全面，但是“去年用的药，今年用就不行了”，必须要更换别的药品。而且，第一年种植过程中就是因为技术问题导致烟叶“没有赔钱也没有挣钱”。④投资风险比较大。经济作物一般都需要较大的投资，而且，规模化经营需要承担土地费用。当前，一亩烟叶大概投资4 000元。而且从表2和表3的成本—收益表中可以看出，在80、90年代，由于是自家土地，不存在土地租金，而当前规模化种植需要租入土地，产生相应的土地费用，每亩土地租金为800元，这在无形中增加了农户的农业生产成本。

对于未来趋势，随着非农就业机会的进一步增多，小农户和大农户呈现不同的种植特征。由于大多数人在面临获得时是风险规避的，在具有稳定预期收入的条件下，农户都会倾向于选择非农就业。因此，小农户都会选择易于管理且种植简单的大田作物。而新型农业经营主体为了从土地上获取更多的利润，会选择种植烟叶等经济作物。特别是随着国家乡村振兴战略的实施，农地制度的不断改革和完善，工商资本下乡和乡村能人的出现会使烟叶种植越来越趋于规模化经营。值得注意的是，随着城镇化和工业化的推进，农村劳动力会越来越少，而新型农业经营主体，特别是种植经济作物的经营主体，在种植过程中则会需要大量的劳动力，一方面，农村劳动力的减少使劳动力成本越来越高，压缩了农业利润空间。另一方面，从事农业的年轻人越来越少使中国农业劳动力呈现“老龄化”和“女性化”特征。由于年轻劳动力有想法，观念新，更容易接受新的技术、管理理念等。因此，从农业的长远发展来看，中国农业的持续健康发展需要补充新鲜“血液”，所以，如何吸引年轻劳动力从事农业生产是当前和未来农业发展面临的重要课题。

四、进一步的思考

根据上述分析，可以看出庙上村烟叶种植的演进路径，由于不同历史阶段，其经济社会条件不同，烟叶种植经历繁荣、衰落到复兴三个阶段。不过有一点值得深入思考，在条件艰苦而且又没有政府扶持时，出现许多烟叶种植户，而现在条件好了，政府扶持力度也大了，但是烟叶种植户却少了。具体来说，在 1982—1993 年期间，当时政府的农业政策尚不完善（当时要交农业税，也没有农业补贴），而且，烟叶种植非常麻烦，当时许多农户种植烟叶和其他经济作物。随着经济的发展，尤其是进入新世纪以来，农业政策不断完善，国家对农业扶持力度越来越大，特别是对新型农业经营主体的补贴越来越多[①]。而且，烟叶种植过程中的育苗、烤烟等环节都可以外包，种植烟叶变得越来越方便。然而，现在的烟叶种植户寥寥无几。不可否认，非农就业对烟叶种植具有重要影响，许多研究也表明，随着非农就业机会的增加，农户种植结构会呈现“趋粮化”特征（钟甫宁等，2016；罗必良和仇童伟，2018），但是现有研究只是从计量统计方面发现他们具有显著的关系，而没有从理论上澄清。从本质上来讲，农户作为理性的“经济人”，其决策都是基于“成本—收益”考虑，在 80 年代，农户几乎没有非农就业机会，在农作物的选择上，只能种植烟叶（经济作物）和大田作物，而与大田作物相

① 2005 年 3 月的十届全国人大三次会议上，温家宝总理在《政府工作报告》中明确提出“实行工业反哺农业、城市支持农村的方针”；2006 年全面取消农业税；2008 年《农民专业合作社法》实施，2014 年首次提出鼓励和支持家庭农场；党的十九大报告提出乡村振兴战略等。

比，烟叶（经济作物）的收益更高，虽然烟叶种植（经济作物）需要投入大量的劳动力，但当时的劳动力机会成本为零。因此，基于“成本—收益”考虑，农户选择种植烟叶（经济作物）。1993年之后，随着非农就业机会的增加，非农就业的收入开始超过种植烟叶（经济作物）的收入，烟叶种植户越来越少，直至消失。近年来，虽然国家对农业的扶持力度加大（农地“三权分置”的改革也为农业规模化提供了制度环境），在农户的“成本—收益”账目中，这个收益进一步增加，成本进一步减少，总收益也相比以前增加了。而且，农户前期的非农就业积累了一定的资金，可以缓解其信贷约束（Chiodi et al.，2012）。按照常理，农户应该会增加烟叶（经济作物）的种植面积。但是，农户作为理性“经济人”，风险成为其考虑的主要因素。如果种植少量的烟叶（经济作物），无法形成规模效应，其收入达不到外出务工收入（种植经济作物需要精心的照料，需要投入较多的劳动力，因此，很少有空闲时间外出务工）。如果规模化种植，需要面临较大的市场风险（如访谈的村民J说，“庄稼就是‘撞’家，运气好了挣点钱”）[①]。从理论上讲，农户作为风险规避者，对损失比对获得更敏感。从现实情况来看，在当前条件下，非农就业机会非常多（在郑州附近的建筑工地普通工人一天230左右），农户可以很容易地通过非农就业获得稳定的收益，因此，绝大部分农户在面临当前非农就业的稳定收入时，会变得小心翼翼，不愿冒风险，成为风险规避者。虽然在1982—1993年期间农户种植烟叶（经济作物）也存在市场风险，但是，当时的环境条件下农户只能在种植烟叶（经济作物）和大田作物之间选择，即便考虑到风险，种植烟叶（经济作物）的收益仍然大于大田作物。而目前农户可以通过非农就业获得稳定可观收入，农户具有更多的选择权，可以在非农就业、烟叶（经济作物）和大田作物之间选择，出于规模经营风险的考虑，绝大部分农户会选择非农就业。

值得注意的是，从庙上村的烟叶变迁过程可以发现，中国农业正在经历小农户“去劳动化”和大户“再劳动化”的过程。具体来说，对于小农户，由于非农就业机会的增加，非农收入成为其主要收入来源，农业的投入（时间和资金）相对会减少，对农业管理也会比较松散，土地

① 农产品价格变化莫测，许多专家学者都不能很好地准确预测农产品价格，而农民本身文化水平有限，接触信息少，更不能有效把握农产品价格。而且，规模化种植会产生土地费用。

只是成为他们的一种心理安慰和保障。理性的小农户会把更多的时间投入到非农就业，因此，小农户会种植一些机械化程度高、农业社会化服务市场发育成熟的农作物以应对劳动力的短期。如调研的庙上村，绝大部分小农户都会种植小麦和大豆，虽然玉米收益比较大豆高，但是，由于玉米相对比较费工（与大豆相比，需要追肥和灌溉），因此，小农户还是选择种植“省工省事”的大豆。而对于大户来说，农业收入是其主要或者全部收入来源，为了在土地上创造更多的经济价值，会在土地上投入大量的人力、物力和财力。由于大田作物（主要指小麦、玉米、大豆和水稻）利润空间有限，因此，会有相当比例大户部分或者全部种植利润空间较大的经济作物。进一步从国家粮食安全角度考虑，由于粮食作物属于利润低、机械化程度高、农业社会化服务市场发育成熟和“省力省时”的农作物，而经济作物属于利润和附加值高的农作物。小农户一般都会选择种植粮食作物，大户会选择种植经济作物，因此，小农户的存在可以保障土地的“粮食化”，从而保障国家粮食安全，而大户可能会出现“非粮化”的倾向（付会洋和叶敬忠，2017）。因此，在农业现代化过程中，虽然规模化是中国农业未来发展的趋势，但是在目前条件下小农户的存在具有一定的合理性，在这个过渡阶段要通过服务化或组织化手段来实现其与现代农业的衔接。而对于大户，在增加扶持力度的同时，也要通过法律法规等手段来规范化其行为，防止其“非粮化”甚至“非农化”。

五、政策启示

根据上述分析，本研究得出以下几个方面的政策启示：

第一，提高农户组织化程度。在庙上村的发展过程中，尚未出现一家运行良好的合作社，虽然当前有一家也是缺陷重重，正是由于农户在烟叶种植过程中分散化生产和经营，其生产行为不受任何约束，最终，导致优势产业的衰败没落。因此，政府可以借鉴“一村一品”的理念，打造“一村一社”。首先，摸清楚每个村庄农户组织化程度。其次，对于缺乏合作社的村庄要重点关注和扶持，而不是只扶持合作社发展好的村庄，也防止过度的“精英俘获”。最后，通过合作社来约束和规范农户的生产行为，实现互利共赢。

第二，培育和发挥乡村能人的作用。在农村的熟人社会，乡村能人往往能够起到很好的示范带头作用。而乡村能人的培育也需要内外部条件，村委会要积极地为乡村创业人员创造条件，对有潜力、有能力的乡村能人，要因势利导，积极地对他们进行思想教育和技能培训。鼓励在外青年或大学生返乡创业，激发返乡青年或大学生的创业热情和内生动力，对典型乡村能人，要大力的宣传。同时，政府制定有针对性的政策，针对乡村产业发展薄弱的村庄，拿出专门的资金进行重点扶持和支持，对于有意向的乡村能人，做好思想工作和政策保障。

第三，提高政府政策的精准性、可行性和连贯性。目前，各级政府对农业特别是新型农业经营主体进行了大力扶持，但是，对新型农业经营主体的扶持政策多是“一刀切”。因此，应精准的识别每个新型经营主体发展状况，针对不同的村庄、不同新型经营主体的需求实施“私人订制”。同时，政府政策要具有可行性和连贯性，如在调研中发现，政府规定的三年补贴，有种植大户刚刚领了两年的补贴，在第三年就没有了。

第四，提高农业社会化服务质量。当前，农村劳动力大量外流，造成农村劳动力十分短缺，尤其是年轻劳动力，而且，劳动力的成本也在不断的上升，因此，当前农业生产环节的外包越来越多。虽然目前也出现许多农业社会化服务主体，但是，很多都是由一家一户组成，规模和实力较小，无法形成规模经济。因此，可以通过联合的方式把“碎片化”的农业社会化服务主体整合起来，壮大农业社会化服务主体，降低农业生产成本，为农户提供优质、高效、低廉的农业社会化服务。

参考文献

付会洋，叶敬忠. 论小农存在的价值 [J]. 中国农业大学学报（社会科学版），2017，34（1）：20–28.

罗必良，仇童伟. 中国农业种植结构调整：“非粮化”抑或“趋粮化”[J]. 社会科学战线，2018（2）.

舒尔茨. 改造传统农业 [M]. 北京：商务印书馆，2009.

谭彦红，侯石安. 政府作用与农业发展——基于现代经济增长理论的分析 [J]. 学习与实践，2008（6）：34–38.

吴云超. 特色专业村寨的形成历程对连片特困地区扶贫攻坚的启示 [J]. 经济地理，2014，34（6）：149–154.

亚当·斯密．国富论 [M]. 北京：上海三联书店，2009.
钟甫宁，陆五一，徐志刚．农村劳动力外出务工不利于粮食生产吗？——对农户要素替代与种植结构调整行为及约束条件的解析 [J]. 中国农村经济，2016（7）：36–47.
Chiodi V，Jaimovich E，Montesrojas G. Migration，Remittances and Capital Accumulation：Evidence from Rural Mexico [J]. Journal of Development Studies，2012，48（8）：1139–1155.
Gonzalez Velosa C. Essays on Migration and Agricultural Development [R]. 2011.

何去何从？改革开放以来我国农村劳动力就业结构变迁

——以山东省日照市王家岭村为例

王宏磊 *

实施乡村振兴战略，是党的十九大做出的重大决策部署，是决胜全面建成小康社会、全面建设社会主义现代化国家的重大历史任务，是新时代“三农”工作的总抓手。要切实促进农村劳动力转移就业和农民增收。健全覆盖城乡的公共就业服务体系，大规模开展职业技能培训，促进农民工多渠道转移就业，提高就业质量。同时，深化户籍制度改革，促进有条件、有意愿、在城镇有稳定就业和住所的农业转移人口在城镇有序落户，依法平等享受城镇公共服务。

——2018 年 1 号文件《中共中央 国务院关于实施乡村振兴战略的意见》

一、调研背景

1978 年党的十一届三中全会重新确立了以经济建设为中心的政策方针，并最先在农村地区实施改革。安徽小岗村 18 家农户率先摒弃生产队“大呼隆”的劳动方式，实行包产到户，各地开始陆续废除人民公社制度，实行家庭联产承包责任制，到 1984 年底，全国农村的全部生产队和 98%

* 王宏磊（1989— ），男，山东日照人，中国农业大学 2017 级博士研究生。

的农户都已采取了家庭承包制的经营形式[①]。家庭联产承包责任制的实施，极大地增加了我国农产品的供给，并且大幅地提升了农业的劳动生产率，使得农村劳动力得到了极大的释放，广大农村地区开始出现了大量的劳动剩余。进入了20世纪80年代中期，我国农村有30%～40%的劳动力是剩余的，绝对人数高达1亿到1.5亿[②]。与此同时，我国城市地区也开始了经济体制改革，企业的数量大幅增加、活力不断增强，加之外国投资地大量涌入，城市地区对劳动力的需要迅猛增加。在此背景下，我国政府不断放松对劳动力流动的限制，使得农村劳动力可以到城市从事非农就业。从80年代中期开始，我国农村劳动力开始大量地离开农业、农村并向非农产业、城市转移，农村劳动力的就业结构发生了深刻的变化。1983年我国外出农民工的数量仅为200万人，而到2017年我国农民工总量高达2.87亿人，占到我国农村劳动力总量的一半以上。

农村劳动力就业结构的变迁是经济发展的必然结果。亿万农村劳动力离开农业和农村流向城市和非农业部门，极大地推动了城市和非农产业部门的发展，但也对农业和农村经济的发展产生了重要的影响。农村劳动力的不断外流，势必会显著改变我国农村剩余人口和劳动力的年龄和性别结构，进而对我国农业的长期可持续发展和粮食安全产生重要影响。此外，农村人口结构的显著变化也必然影响着对教育、养老和医疗卫生等社会保障体系的需求，甚至影响基层民主政治和社区治理方式[③]。为此，有必要从微观的村庄和农民视角深入地分析我国农村劳动力就业结构变迁，并探究农村劳动力结构变化的原因以及对当前我国农业农村发展带来的影响，以期为未来政府相关政策的制定和调整提出可行的政策建议。

二、调研村庄基本情况介绍

（一）W村的基本情况

王家岭村（为分析方便，以下简称W村）位于山东省日照市莒县

① 蔡昉.改革时期农业劳动力转移与重新配置[J].中国农村经济，2017（10）：2–12.

② Taylor J R. Rural Employment Trends and the Legacy of Surplus Labour，1978–1986 [J]. China Quarterly，1988，116（116）：736–766.

③ 钟甫宁，向晶.我国农村人口年龄结构的地区比较及政策涵义——基于江苏、安徽、河南、湖南和四川的调查[J].现代经济探讨，2013（3）：5–10.

县城西北约15公里，临近206国道和胶新铁路，交通便利。W村是典型的“人多地少”，2017年全村总人口数为1 081人，共计371户，而总耕地面积为650亩，人均耕地面积仅为0.6亩，低于山东省和全国平均水平。收入方面，2017年全村人均纯收入达到了11 000元，在本地区属于中等水平，劳动力大多数从事非农就业，务农收入只占到全村人均纯收入的10%左右。从事个体经营的农户数量较少，且以从事小买卖为主。农业方面，本村发展农业的自然条件优越，是区内的重要粮食主产村之一。气候条件方面，该村属于暖温带亚湿润季风气候，四季分明，光热条件良好，常年平均气温为12.1℃，年降水量750毫米左右，年日照时数2 450小时，年平均无霜期182天。地形方面，该村以平原为主，兼有部分半土丘，西部和北部略高。水源方面，沭河从该村西面流过，村东边也有水渠，灌溉条件相对较好，半土丘地区以旱地为主，灌溉条件略差。种植作物方面，本村的农业经营以种植业为主，种植作物丰富，主要种植小麦、玉米、水稻和花生等。

（二）调研人群的选择

为了保证调研的科学性，从而全面、深入地分析W村改革开放以来劳动力就业结构的变迁情况，笔者分别选取不同年龄、性别、就业类型的农户进行了深入的访谈。调研群体设定如下：劳动力分为三个年龄段，分别为35岁以上、35岁至60岁和60岁以上，每个年龄段选择2～3人进行访谈；为了考察女性劳动力，尤其是已婚女性劳动力就业变化情况，我们还选取了2～3位女性劳动力进行了访谈。为了增强访谈的可靠性，我们还对W村近几届书记、村主任和会计进行了详细的访谈，总访谈人数超过10人，基本上代表了该村劳动力的各个就业类型。

三、W村劳动力就业结构变迁

（一）结构变迁的三个阶段

早在改革开放之初的1980年左右，当地政府就积极响应中央的政策，废除了W村集体经营的人民公社制度，实行了包产到户的家庭承包经营的制度。家庭承包经营制度充分调动了广大农户的积极性，使得粮食产量有了大幅度的增加。这一时段，限于低下的农业生产技术水平以及严格的户籍制度，W 村劳动力的绝大多数都以从事农业生产为主，村里存在着大量的剩余劳动力。从 20 世纪 80 年代中期开始，随着外资企业陆续进入沿海省市、私营企业的迅速增加以及户籍制度的放松，W 村开始有劳动力在农闲时到青岛、烟台等沿海发达城市务工，随着时间地推移，该村劳动力越来越多地向城市和非农业部门转移。具体来说，W 村劳动力就业结构的变化可以大致分为以下三个时期。

1. 20 世纪 80 年代中期到 90 年代中期："收入靠农业"

这一时期，W 村大部分劳动力以从事农业生产为主，也有一部分劳动力在农闲时到青岛等沿海城市外出务工，从事非农就业，非农就业劳动力占总劳动力的比重为 20% ～ 30%。由于这一阶段劳动力外出务工的工资水平普遍不高且劳动时间相对较短，农业收入仍然是 W 村农民主要的收入。与此同时，农业生产的主要参与者大都为青壮年劳动力，妇女和老人作为辅助也会参与到部分农业劳动中，而农村外出务工的人员则以青壮年的男性为主，他们主要从事建筑等行业，女性外出务工者也占到一定比例，她们多在外资的服装厂、电子厂等工作。工作地点多为青岛、烟台等沿海经济发达的城市，在本县从事非农就业所占的人员比重仍然较低。

2. 20 世纪 90 年代中后期到 2010 年："农业主要解决温饱问题，花钱靠打工"

这一时期，随着外出务工收入与农业经营收益差额地不断拉大，W 村劳动力从事非农业就业的数量持续增加，已经占到本村劳动力总量的一半以上，妻子在家照顾家庭，丈夫外出务工的现象已经相当普遍。农业收入占农民总收入的比重持续下降，已降到总收入的 30% 左右，务工等非农收入已成为 W 村村民最主要的收入来源。除此之外，从事农业生产的劳动力的平均年龄有所增加，年轻劳动力开始逐渐远离农业，在 90 年代中期以前，该村外出务工的劳动力以青壮年为主，此后，外出务工的人群不再仅局限于 40 岁以下的青壮劳动力，40 ～ 50 岁年龄段的外出务工人员也占有了一定的比例，他们从事的工作类型也更加多样化，不再仅局限于建筑等行业。就女性而言，未婚女性外出务工的比重较高，她们多在外商独资或中外合资的服装厂、电子厂以及一些服务行业上班，但这一阶段已婚女性从事非农就业的比重仍然较低，她们时间更多地花在了照顾家庭和从事农业生产上。同时，个体经营户的数量较前一阶段有所增加，但从事人员占该村劳动力的比重依然较低，外出打工是该村农民最重要的非农就业渠道。

3. 2010 年至今："收入靠打工"已成为常态

这一时期内，W 村劳动力从事非农产业的比重进一步增加，大约占到全部劳动力的 70% 以上，而仅从事农业生产的青壮年劳动力已经几乎消失，同时，农业收入占该村村民总收入的比重已降到不足 10%，"收入靠打工"已成为常态。随着农业比较收益的持续下降、农业机械化的进一步普及以及本区域内农业社会化服务的不断完善，目前该村从事农业生产的劳动力大都已超过 50 岁，农业从业人员老龄化现象明显。由于年龄等原因，这些人已很难在外地找到务工机会，因此，他们多会选择一边从事农业生产，一边在当地从事非农产业。年轻劳动力几乎很少从事农业生产，他们大都在本地或外地务工，而将土地交给父辈或亲戚耕种，"能打工，就绝不种那二亩地"，甚至在访谈中有年轻劳动力表示，等他年纪大了，宁可将土地荒掉也不会再种地。同时，已婚妇女参与非农就业的比例显著提高，她们多在离家较近的工厂或手工作坊上班，这样她们就可以在兼顾农业和照顾家庭的同时，从事部分非农就业。打工虽然仍是该村农民最主要的非农就业渠道，但附近村庄已出现一些农民工返乡创业的现象，他们或建立工厂或从事个体经营和养殖等。

（二）W 村劳动力就业结构变迁的三个特点

改革开放以来 W 村劳动力的就业结构、就业类型和就业地点均发生了深刻的变化，通过对各调研个体情况的总结，我们可以发现该村劳动力就业结构的变迁主要呈现出以下三个特点：

1. 从农业生产为主到非农就业占主导

W 村劳动力结构的变迁经历了以从事农业经营为主到非农就业占主导的过程。改革开放初期，农业收入是该村农民最主要的收入来源，彼时绝大部分的劳动力都在从事农业，"那个时候没有什么机械，种地全靠牲畜和人力，人少了根本不行"。随着农业机械化的发展和城市地区就业机会增加，该村的大量劳动力开始离开农业、农村到沿海城市打工，并且从最初的季节性务工发展到现在的常年务工，"打工赚的钱多，现在种地也都用机械，不需要这么多劳力了，所以都去打工去了”。目前，该村 2/3 以上的劳动力主要在从事非农就业，而从事农业的劳动力多在 50 岁以上，并且他们多会在农闲时节在附近地区打零工。

2. 从外地务工为主到本地务工占主导

W 村劳动力就业变迁的另一个特点是非农就业地点发生了明显的变化，本地务工的人员数量逐渐超过了外出务工人员的数量。该村外出务工的劳动力数量在 2000 年左右达到了顶峰，此后，外出务工人员的人数开始减少，与此同时，本地农民工则开始不断地增加。尽管如此，这一时期本地务工的收入仍然与沿海发达地区的工资收入存在较大的差距，外出农民工仍然是 W 村劳动力从事非农就业的主力。2010 年前后，得益于本地非农就业机会的增加和本地与沿海发达地区务工收入差距的缩小，该村本地务工人员的数量开始大幅度的增加，且其占比逐渐超过了外出务工劳动力的比重。目前，选择去外地打工的务工者多为年轻的未婚男女，他们大都向往城市的生活，渴望开阔眼界。而本地农民工的年龄结构较为多元，但是 50 岁以上的农村劳动力多会选择在本地务工，其原因在于随着年龄的增长、体力的下降，他们已很难在城市中找到满意的就业机会，而在本地务工既可以增加收入，也可以照顾家庭并兼顾农业生产。

改革开放初期，W 村的绝大部分的务工人员都到青岛、烟台等地外出打工，而本地农民工人员则相对较少，其原因在于沿海的青岛、烟台等地区依靠区域优势和优惠的政策吸引了大量外资和合资企业，从而产生了大量的就业岗位，而本地区经济发展相对缓慢，使得非农业就业机会相对较少。本地务工人员大量增加的原因在于：首先，受 2008 年全球性金融危机的影响，沿海地区的出口导向型企业出现了倒闭潮，使得对劳动力的需求大幅度的减少；其次，由于沿海发达地区劳动力成本的快速上涨，本地得益于低廉的劳动力优势承接了大量沿海发达城市转移过来的产业，加之本地区经济的发展、房地产的开发、私营企业的增多，使得本地的就业机会大量增多，同时与沿海地区的工资差距逐渐缩小；最后，随着交通条件的改善和汽车、摩托车在农村地区的普及，务工者白天在城里上班、晚上回到村里居住变成可能，如此一来不仅可以更好地照顾家庭还可以在必要的时候兼顾农业生产。因此，W 村选择在本地从事非农就业的人员数量出现了较大幅度的增加，尤其是对于已婚的劳动力而言。

3. 已婚妇女非农就业参与率显著提高

近10年来W村已婚女性从事非农就业的人数显著增加，已婚妇女从事非农就业的现象已非常普遍。“现在附近工厂这么多，地里也不用到这么多劳力了，再加上现在生活压力大，所以跟我这样的都去厂里上班了”，一位45岁左右的中年妇女如是说。目前的W村，无论是年轻的已婚妈妈还是年长的奶奶，只要条件允许，她们都会选择在附近工厂或作坊打些零工。

造成W村已婚妇女非农参与率显著提升的原因是多方面的：首先，2010年前后，该地区农村交通和通讯条件大幅的改善，得益于便利的交通条件和毗邻县城的原因，工业化开始深入到W村以及周边村庄。值得注意的是，一些外出农民工在赚了钱以后，选择返乡进行创业，与此同时，当地政府也对返乡创业进行了大力的扶持，使得W村以及周边村庄陆续出现了一些工厂和手工作坊，这为农村已婚女性的非农就业提供了大量的机会。其次，由于计划生育政策的推行，已婚妇女和奶奶在照顾子女或孙女上花费的时间大幅减少，使得她们可以有多余的时间从事非农就业。最后，本地区农业机械化的普及、农业生产技术的进步以及农业社会化服务的不断完善大大降低了W村村民从事农业生产的时间。另外，随着高房价和抚养子女成本的上升，已婚家庭的经济压力和生活压力普遍较大，这使得他们在兼顾照料子女和从事农业生产的同时，尽可能多的从事非农产业来赚钱以缓解生活压力，并改善家庭的生活条件。

四、一些思考

（一）农业从业人员老龄化是个严重的问题吗？

农业从业人员老龄化现象在我国广大地区已相当普遍。在访谈中我们了解到，W村目前的农业从业人员多超过50岁，有些甚至超过了65岁，该村农业从业人员的老龄化现象异常突出。根据全国农业普查资料[①],1996年，我国农业从人员以35岁及以下的青壮劳动力为主，其

① 数据来源于国家统计局。

所占比重为 62.47%；其次是 36 ～ 54 岁，其所占比重为 27.22%；而 55 岁及以上农业劳动力所占比重最低，占比仅为 10.31%。截至 2016 年，我国农业从业人员的年龄结构发生了巨大的变化，其中，36 ～ 54 岁的农业从业人员占比达到了 47.25%，20 年间增长了近 1 倍；55 岁及以上农业劳动力所占比重为 33.58%，较 1996 年增长了近 225%；而 35 岁及以下的青壮劳动力所占比重则出现了大幅的下降，所占比重减少到 19.17%，降幅接近 70%。造成农业从业人员老龄化加剧的原因是多方面的：首先，近些年我国农业机械化的水平发展迅速，主要粮食作物的耕、种、收等环节已基本实现了机械化，加之不断优化的农产品品种推广，农业社会化服务的不断完善，使得对从事农业生产的体力要求大大降低，其结果是从事农业生产的农村劳动力平均年龄有较大幅度的增加。其次，近年来特别是 2008 年的金融危机以来，我国的劳动力成本迅速上升，农村劳动力从事非农就业的收入水平得到了大幅的提高，与此同时，虽然我国政府出台了一系列的惠农支持政策，但由于农村平均每户经营的土地面积相对较小，使得农业的比较收益显著地低于非农就业，年轻的农村劳动力普遍选择在本地或外出打工，而年长的农民由于体力的下降，已很难在城市找到合适的工作，因此，他们多选择从事农业生产，并在农闲时在本地打些零工以增加收入。最后，与从事非农产业相比，从事农业生产活动的工作和条件往往比较辛苦，许多年轻人表达了即使从事农业可以赚钱，他们也不愿意再从事农业的想法。

农业从业人员的老龄化会对我国的农业现代化产生不利的影响。与年轻人相比，老年人无论在体力上还是教育水平上都要差一些，而且他们可能更喜欢规避风险，对待新的农作物品种、农业机械和农业生产技术也更趋于保守，这将会对我国粮食产量的持续增长和粮食安全的保障产生一定的负面作用。从短期来看，由于农业机械化水平的提高和农业社会化服务的不断完善，农业从业人员的老龄化对农业发展的影响还相对有限，然而，随着时间的推移，再过五年、十年，等这一代农业从业人员老去的时候，如果不能培养优秀的接班人，谁来种地的问题将成为我国农业发展面临的一个重大难题。从目前的调研情况来看，有相当比例的年轻农村劳动力表示不会在父母年老时继续从事农业，有年轻被访谈人甚至表示，“宁可把地荒了，也不会选择再种地”，还有被访谈人表示"会被动选择继续从事农业"。

其实，从日本、韩国等发达国家的经验来看，在人多地少的国家和地区，农业从业人员的老龄化在一定阶段是必然趋势。但是，只要农业的比较优势不断提高，与非农就业的差距不断缩小，就可以吸引更多的年轻人从事农业，所以没有年轻人来种地可能是个伪命题。除此之外，我们也要警惕农业从业人员老龄化带来的过度兼业化问题。

（二）外出打工易，城市落户难

经过几十年的发展，我国农业就业人员占总就业人员的比重已从1978年的70.5%下降到2016年的27.8%，城镇化率2016年也达到了57.35%，然而，2016年我国户籍人口的城镇化率仅为41.2%①，这意味着尚有近1亿的农民工常年在城市工作却无法得到城市户口，享受不到城市的公共服务。户籍城镇化和人口城镇化极度不匹配说明我国城乡二元的结构依然很明显。在调研中笔者了解到，大量的外出务工者希望以后可以在城市安家，但由于户籍限制、土地制度的束缚以及高房价等原因，他们很难真正地成为"城里人"。他们大部分人就像候鸟一样在城市与农村之间来回迁徙，并在年老体衰为城市奉献完青春之后回到农村。"出去打工的人很多，但真正在城里安家的人少之又少"，一位老汉说到。

（三）如何解决留在农村从事农业那部分人的收入问题？

根据国际经验，当一个国家的城镇化达到75%以后，想再提高将变得相当困难，这也就意味着中国到2030年仍将有近4亿人口生活在农村，我国仍将有大量的农村劳动力生活在农村并从事农业，那么我们该如何解决这部分人的收入问题呢？

我国的农业国际竞争力低，主要原因在于过小的土地经营规模。为提升农业的国际竞争力，我国政府提出了土地"三权分置"的思想，同时陆续出台了一系列优惠政策，鼓励农民将土地进行流转，并大力扶持合作社、家庭农场、种粮大户等新型经营主体的发展，以实行规模化经营，培育新型职业农民，发展现代农业。然而，在实地的访谈

---

① 数据来源于国家统计局。

中，W 村的绝大部分农户仍然种得是自己的小块土地，土地流转在该村并不普遍，仅有的一些土地流转也多来自于自家亲戚，并且这一般不需要支付地租，合作社、家庭农场、种粮大户等新型经营主体并没有在该村产生，土地规模化经营的发展缓慢。通过对各访谈人观点的总结，可以得知 W 村土地流转市场发展缓慢的原因可能有：首先，与其他地区相比，W 村的人均耕地面积仅为 0.6 亩，地少人稠，而且土地相对分散，实现规模经营有一定困难。其次，该地的思想观念相对比较落后，在本地人的思想观念里从事农业是没有“钱途”的，而有能力的农村劳动力则多选择外出务工或从事个体经营，使得本村缺乏成为新型经营主体经营者的“种粮能手”和土地流转的需求方。而且，农业经营本身存在很强的自然风险和市场风险，一般的农户很难有这个经济实力来从事规模化经营。最后，近年来，该村的水源条件持续恶化，农业灌溉用水的缺乏成为制约该村农业规模化经营的重要因素。除此之外，传统的粮食生产严重依赖国家补贴，在访谈中我们了解到，有访谈者认为当前农副产品价格过低，是导致土地流转、规模经营较少的重要原因之一。而且据观察，本地区现有的新型经营主体选择从事规模化经营更多地是为了套取国家的补助资金，而不是想真正地从事农业。更糟糕的是，由于当前我国的农副产品价格相对偏低，使得已经从事规模化经营的农户仍然存在不赚钱甚至赔钱的现象。农业规模化经营方向是正确的，这无需质疑，但要想真正实现农业的规模化经营仍然任重而道远。在此背景下，需要发展各种农业社会化服务组织，以减缓经营规模过小带来的劣势。实现农业的规模化经营，是提高农业竞争力，发展现代农业的必由之路。

（四）农村劳动力结构变迁与乡村振兴战略

通过改善激励机制、矫正价格信号和拆除体制障碍，促进生产要素特别是劳动力的重新配置，是改革开放以来中国经济腾飞的重要原因之一[①]。然而，中国经济崛起的背后伴随着城乡差距的持续拉大。如图 1 所示，在改革开放初期，得益于中央率先在农村地区实行改革，我国的城乡人均收入差距不断缩小，到 1985 年城乡人均收入差距降为

① 蔡昉．改革时期农业劳动力转移与重新配置 [J]. 中国农村经济，2017（10）：2–12.

历史的最低点，仅为 1 ： 1.86（乡村 =1）。此后，随着城市地区经济改革的推进，我国的城乡收入差距呈现明显的扩大趋势，到 1994 年达到了 1 ： 2.86，城乡收入差距问题十分突出。整个 90 年代，我国的城乡收入差距虽有短暂的下降，但之后又加速扩大，到 2003 年我国的城乡收入比已达到了 1 ： 3.23，2009 年更是到了惊人的 1 ： 3.33，过高的城乡收入差距势必会对我国社会的稳定和经济的发展产生不利影响。2009 年之后，随着我国政府不断加大对农业的扶持力度，同时增加城市向农村地区的转移支付力度，我国的城乡收入差距出现了缓慢的下降趋势，但是城乡收入的绝对差距仍在持续扩大，如何进一步缩小城乡收入差距将是我们未来很长一段时间面临的重要课题。

图 1　我国城乡人均可支配收入比变化情况（1978—2015 年）

资料来源：国家统计局。

党的十九大提出我国目前的主要矛盾已由“人民日益增长的物质文化需要同落后的社会生产之间的矛盾”变化为“人民日益增长的美好生活需要和不平衡不充分发展之间的矛盾”，并提出了实施乡村振兴战略，以缩小城乡收入差距。在调研中笔者发现，近年来 W 村的人均收入有了较大幅度的增加，村容村貌也发生了巨大的变化，但是在农业从业人口老龄化不断加剧的情况下，如何调整农村的劳动力市场将是实现乡村振兴的重要方面之一。导致我国城乡收入差距过大的根本原因在农业的劳动生产率远低于第二、三产业的劳动力生产率，且与二、三产业的劳动生产率差距并没有明显的收敛趋势，使得农业的比较收益远低于非农就业。而我国农业的劳动生产率低下的症结在于地少人多、人均经营土地规模过小。与发达国家同收入时期相比，我国农业就业人员占总就业人员的比重要高出不少，农村劳动力的转移仍存在很大的潜力。因此，乡村振兴战略并不是简单地把资源投入到农村，把人留在农业、农村，而应该是通过继续推进城市化和工业化，将更多的农村劳动力吸引到城市和非农就业中去，进一步增加城市和农村地区的非农就业机会。同时，通过土地流转的方式扩大农业经营规模，辅之以农业社会化服务的规模化，以提高我国农业的劳动生产率和比较收益，从而缩小城乡收入差距。

五、政策建议

（一）进一步推进农地流转，培育新型经营主体

农地经营规模过小是造成我国农业生产比较收益过低、农产品缺乏国际竞争力的症结所在，也是当前我国农业从业人员老龄化、年轻人不愿从事农业生产的关键原因。为此，政府应该进一步推进农地的流转，采取多种措施培育家庭农场、合作社和种粮大户等新型经营主体，发展多种形式的规模化经营。针对新型经营主体在发展初期资金缺口较大的问题，政府应进一步完善相关的扶持政策，以降低新型经营主体获得贷款的成本，并为新型经营主体的持续发展提供资金上的支持。然而，在新型经营主体的发展过程中，存在着相当比例的新型经营主体本身并不是太了解农业生产，他们进行规模经营更多地是为了套取国家的扶持资金。为此，建议政府在发展新型经营主体的同时，不能一味地追求发展速度，而忽视了新型经营主体的发展质量，对于那些经营不善、蓄意套取国家扶持资金的新型经营主体要进行摘牌，以提高新型经营主体的经营效益和盈利水平。总之，农业规模化经营和新型经营主体的发展，不能再像传统的粮食生产那样，严重地依赖国家补贴，而应该更多地依靠市场的力量，让农业经营主体真正地实现以市场为导向，自负盈亏，从而提高农业生产的市场竞争力。

（二）完善社会化服务体系，实现服务的规模化

通过土地流转，扩大农地经营规模，进而实现我国农业的规模化经

营，是实现农业现代化的必由之路，然而，在当前的国情下，仅靠土地规模的扩大很难达到与发达国家同样的劳动生产率。根据一般的国际经验来看，当一个国家的城市化率达到了75%时，想再继续快速地提高将变得异常困难，尤其是对于我国这样的人口大国而言。按照陈锡文的说法，到2030年我国的城市化率将达到75%左右，总人口也将达到16亿，即便如此，我们仍将有接近4亿人口、近1亿农户生活在农村，按照20亿亩的耕地面积算，到那时我国的户均耕地面积也仅为20亩左右，这样的经营规模与发达国家相比仍然存在明显的差距。因此，在扩大农地经营规模的同时，政府应该不断地进一步提高农业的社会化服务水平，以实现服务的规模化。通过创新体制机制，鼓励多种形式的农业服务主体的发展，实现农业社会化服务的规模化，以服务的规模化来弥补土地规模的不足，进一步提高我国农业的劳动生产率、农业的比较收益和农产品的国际竞争力。

（三）培育新型职业农民，提高农业经营人员综合素质

发展现代农业，人才是关键。当前，我国农业的从业人员老龄化现象严重，年轻的农村劳动力多从事非农产业，很少从事农业生产。如何吸引年轻的、受过良好教育的劳动力从事农业生产，将是我国发展现代农业亟须解决的问题。为此，政府应该采取多种措施吸引年轻劳动力投入到农业中去，同时，对现有的农业生产经营者和新加入的农业经营人员进行培训，以提高他们的农业生产技术、病虫害防治能力和管理水平。对于家庭农场、合作社和种粮大户等新型经营主体的经营者来说，政府应该对其主要的负责人进行系统的培训，并对新型经营主体的经营者设置一定的门槛，要求他们达到了一定的培训标准后才可以从事规模经营。

（四）进一步推进户籍制度改革，提高户籍城镇化比例

当前，我国户籍人口的城镇化远远滞后于常住人口的城镇化，城乡二元结构依然很明显。要进一步优化我国劳动力市场的就业结构，就需要政府继续推动以农民工市民化为核心的户籍制度改革，破除农民工进入城市的障碍，促进有条件、有意愿、在城镇有稳定就业和住所的农业转移人口在城镇有序落户，依法平等享受城镇公共服务，缩小户籍城镇

化和人口城镇化的差距，共享城市化和工业化带来的好处，从而达到城乡一体化均衡发展。

（五）提高农村地区的养老保险水平

与非农产业相比，农业的从业人员年龄普遍偏高，有些已经超过了65岁甚至70岁。在调研中，我们了解到许多老人仍然在从事农业，其原因主要是为了实现基本的温饱，由于子女不孝顺或者子女生活压力过大以及现有的养老保险水平较低等问题，使得他们不得不还要从事农业生产。为此，政府应该进一步提高农村地区养老保险的补助水平，让更多的老年人可以不用再从事农业，这将在一定程度上缓解我国农业从业人员年龄过高的问题。

穷则思变：贵州大荣村如何实现产业兴旺？

宁　静*

实施乡村振兴战略，是党的十九大作出的重大决策部署，是决胜全面建成小康社会、全面建设社会主义现代化国家的重大历史任务，是新时代“三农”工作的总抓手。乡村振兴，产业兴旺是重点。实施产业兴村强县行动，推行标准化生产，培育农产品品牌，保护地理标志农产品，打造一村一品、一县一业发展新格局。

——2018 年 1 号文件《中共中央 国务院关于实施乡村振兴战略的意见》

2018 年暑假，中国农业大学国家农业农村发展研究院组织了以“乡村变迁”为主题的调研。8 月笔者针对贵州省赤水市大荣村的产业振兴进行了调研，与大荣村村支部书记和 20 户村民进行了深入访谈，访谈内容包括大荣村的基本情况和发展历程，以及农户参与产业项目情况、农户参与合作组织的情况等，以期全面了解和分析大荣村的产业兴旺之路。

一、调研村庄基本情况

大荣村距离贵州省赤水市区 28 公里，位于两河口镇的西北部，背靠杨家岩红石野谷风景区，平均海拔 800 米，常年平均气温 12℃，最高气温 36.5℃，最低气温 0.1℃。全村总面积 4.09 万亩，其中耕地

---

* 宁静（1989—），女，山西长治人，中国农业大学 2016 级博士研究生。

2 535.3 亩，林地 2.45 万亩（其中阔叶林和杉木林 1.28 万亩，楠竹林 8 200 亩，杂竹林 3 451 亩），森林覆盖率高达 93% 以上。该村由 4 个村民小组组成，共 258 户 995 人。村民主要收入来源于楠竹杂竹、种养殖业、旅游业，2016 年末农村居民人均可支配收入 12 300 元。“好个大荣村，三年两不收；夏天饿不停，冬天冷不休……女子长大想外嫁，男子外出不回家”这首打油诗形象地刻画了过去大荣村贫困落后的面貌。大荣村地处偏僻的半高山地区，山高坡陡，交通闭塞。2009 年之前，大荣村只有一条羊肠小道通往山外，出行几乎全部靠走，村民去镇上赶集，需要沿着崎岖的山路来回走好几个小时，要想一天之内赶个来回，必须早上天还没亮就出发，晚上天黑才能到家。过去的大荣村“村两委”领导班子建设方面很不乐观，有许多突出问题，如村民占地纠纷等矛盾纠纷不断，干群关系紧张。“村两委”办事不公道，工作方法不当，优亲厚友，村务不公开，导致矛盾纠纷比较突出，人际关系不和谐，拉帮结派钩心斗角，经常连组织开会都非常困难。“贫穷”、“落后”、“无产业”等词汇，是村民对过去的大荣村的共同认知。过去的大荣村是一个土地贫瘠、无特色产业、村民以传统的种养业为生的贫穷落后的小山村。长期以来，由于交通制约、加上村级组织涣散、产业发展落后，大荣村总在贫困边缘徘徊，难以得到进一步的发展。

二、穷则思变

（一）“要想富，先修路”

大荣村竹林茂密，是良好的林木资源，但交通闭塞，村民无法将这些资源优势转换成经济优势。穷则思变，村民深知“要想富，先修路”的道理，但是没有项目、资金和技术，没有人牵头，再加上大荣村周边是燕子岩国家森林公园，山高坡陡，修路会破坏植被，修路不被批准，导致修乡村公路的事情一直没有办成功。直到 2004 年，村民突然想到村里走出去的一位能人——唐永富，他可能会帮村里办事，他经商多年，当时是两河口社区的社区主任，有一定的社会资源。于是，27 个村民代表相约去到唐主任家，向唐主任求助修乡村公路的事情。

唐永富主任说：“为什么组织了这么多人？”

村民说：“老唐，想用我们的一片真诚，请你去跑修乡村公路的事情。你是从大荣村出来的，我们没把你当外人，你回来带领我们大家一起干，行不？”

当时，每户出了100元（共2 700元）作为唐主任跑这个项目的一点补偿，唐主任看到村民渴望改变自己生产、生活条件的眼神，他被感动了。

“我不能伤大家的心”，最终唐主任答应到：“你们的钱我是不会要的，能不能成功不知道，但会尽我最大的努力去做这件事。”

当年各地都在争取通村公路项目资金，如果是等资金等计划，不知要等到什么时候，要干就得先集资，一边修路一边争取项目。唐主任为修乡村公路的事情跑了3个月，请交通局工程师测试，但交通局的工作人员到了回头弯的地方就不测了，认为山高坡太陡，修路的难度太大，耗费资金大，全靠群众自筹资金是无法修的。然而，大家经过几次开会讨论，最后决定自筹资金来修路。2006年，在唐永富的带领下，村民自愿集资、投工投劳，仅用了3年的时间就凿出了7.1公里通村的毛坯公路。虽然只有7.1公里，但是要在悬崖峭壁间开山劈石，对于资金短缺和没有现代高科技工具的村民来说，工程的难度可想而知。与此同时，在此基础上，大荣村的村民又一鼓作气挖出毛坯公路，从此之后基本做到家家通公路，这在两河口镇修路史上开创了先河（图1）。

图1　刚修好的乡村公路

现在一条盘山公路直通大荣村，满山的楠竹已成为村民的“绿色银行”。大荣村乡村公路的修成，成功地将资源优势转换成产业优势和经济优势。公路没有修通之前，村民砍竹子需要肩抗，时间和能承受的重量有限，一天砍竹子只能挣 20 元。现在路修通了，村民只要将砍完的竹子摆在路边，就会有车拉走，村民把节省下来的运输时间，用在砍竹子上，生产效率大大提高，每天的收入增加到 300~400 元。

（二）发展产业致富

2009 年，乡村公路修好后不久，突然被夏天不期而至的一场大暴雨冲坏，道路无法运输，村干部们组织村民积极养护公路，投工投劳，并且利用路边的石头作为材料热火朝天地重修起来，但遗憾的是，路还没有养护好，第二场暴雨又倾盆而下，正在恢复中的公路再次被冲垮。自然的这种“破坏力”，使村民失去了前进的信心。大家也清晰地看到，费了九牛二虎之力修好的乡村道路如果不被硬化，那么村里已经投入的劳动、资金就彻底蒸发了，前期的努力就彻底白费了，大荣村接下来也不可能有什么发展前途了。村民们并不甘心，想寻求外界的力量。大家发现，要想养护公路，可以争取项目资金，但如果没有产业要争取国家项目不太可能；如果村里有了产业，就可以争取到相应的项目资金，公路养护经费就充足了。与此同时，大荣村的竹木资源一天天减少，公路损毁日益严重，潜在收入不足，养路负担却一天天增加。看到问题，如何可持续地发展产业，村民们也是非常着急。

1. 产业的选择与兴起

“养鱼能挣钱吗?”2009 年底，大荣村的一位村民过年去买鱼置办年货，通过与卖鱼的人交谈，发现打 50 ～ 60 斤稻谷的田，2009 年初投放了 200 元的鱼苗，年底可以打捞 70 斤左右鱼，10 元 / 斤，一共 700 元。50 ～ 60 斤稻谷年底最多也就能卖 70 元，同样的土地用来养鱼收入可以翻十倍。“大荣村可以养鱼吗?”村民通过现代远程教育资源，了解到高山冷水鱼养殖可以为农民带来不菲的收入，每斤冷水鱼可以卖到十几元钱，而且销售前景广阔。大荣村有着一片片产量低下但却比较集中的稻田（图 2）。2010 年初，村民通过乡镇政府联系到赤水市农牧局水产站的水产养殖专家，邀请其到大荣村来实地考察。

专家问：“你们的期望值有多高?”

村民的期望值是：“一亩地种庄稼也就 500 ～ 600 元，如果一亩地可以卖 300 斤鱼，一斤卖 10 元，就可收入 3 000 元，这比种庄稼收入多啊。”

“如果一亩收 300 斤鱼，你们一喂就成功。”专家回复到。

在得到专家的肯定答复后，2010 年 10 月，大荣村 28 户村民开始请挖掘机挖鱼塘，经过一个多月的奋战，于 11 月 26 日完成基础工程，开挖鱼塘 156 亩。农牧局水产站的专家说，他在农牧局水产站工作了 20 多年，以前咨询和联系他的人很多，但真正做的只有大荣村。专家给予大荣村很多的帮助，并建议“开年鱼苗价高，所以要在年底买”。当年年底开始买鱼苗，大家统一购买鱼苗 1 万多斤，价格为 7.8 元 / 斤，正月十五过后，马上就涨成 12 元 / 斤，省了 4 万多元。当时大家统一购买鱼苗，发现能够降低成本，其中有一个农户不愿意一起做，他买鱼苗是 12 元 / 斤。大家尝到了甜头，这个启发了大家，必须有一个带头人，能够降低成本，给大家带来利益。

图 2　挖鱼塘前情景

2011 年 3 月，请市农牧局专家到养殖基地给村民进行实地培训，通过专家形象生动的演示讲解，村民们初步掌握了冷水鱼管理和养殖技术，养鱼产业已初具规模。又于 2012 年 3 月 16 日组织 6 个养鱼代表骑摩托车途经四川五通、打鼓、大洲译、上马、合绵、江安、纳溪、泸州、合江等地学习池塘养鱼技术，通过实地学习，养鱼代表才真正了解养鱼的部分技术过程。

2011 年底，鱼苗长成，当时 156 亩鱼塘产量在 5 万～6 万斤鱼，鱼获得了丰收，但是没有市场卖不出去，村民只能在自己鱼塘里接着养鱼。2012 年 6 月 28 日，特大山洪暴发，鱼塘被冲坏，鱼全部被冲走了，血本无归，村民损失惨重。雨停后，周边乡镇的村民来捡鱼，一个村民一天能捡 100 斤，他们把捡来的鱼卖到市场和鱼馆，结果发现大荣村的鱼鱼质鲜美，可以与野生鱼相媲美。捡鱼的人问："这样的鱼还有吗？如果还有的话，今年过年我们到你们这里来买。"从此大荣村冷水鱼的美誉就此传开了，因祸得福，鱼的销路打开了，村民有了继续干下去的信心。于是，村民向信用社贷款，继续开始养鱼。2012 年，大荣村通过在两河口镇政府争取到 3.5 公里财政"一事一议"奖补和村民自己投资、投工修剩下的 3.6 公里，将 7.1 公里的毛路硬化为水泥路。

2. 产业快速发展

2012 年 7 月，大荣村成立了赤水市两河口乡兴发冷水鱼养殖农民专业合作社，同时注册了"两河口冷水鱼"、"竹叶鱼"商标。2010—2016 年建有鱼塘 408 亩，有 102 户 322 人参加生态鱼养殖（图 3）。主要分布在二组插腊沟 198 亩、46 户，三组大棚 126 亩、26 户，一组苟石溪 46 亩、22 户，四组棺材石 38 亩、8 户。其中，有 10 户残疾户，残疾人 11 人，贫困户 32 户、91 人。同时，带动了全乡其他村和周边乡镇。生态冷水鱼产业进入了快速发展阶段，以青驳鱼为主打产品，还有江团鱼、鲤鱼、草鱼、鲫鱼、青鱼、鲢鱼、前鱼、叉尾鱼、甲鱼等品种（图 4）。

图 3　生态鱼塘

图 4　大丰收

大荣村采用“村委会 + 合作社 + 农户”的模式直接带动村民搞养殖。合作社按照“五统一分”，即统一购苗、统一技术、统一收购、统一销售、统一分红、分户管理的模式进行管理。合作社以高于市场价负责收购和销售冷水鱼，另外销售每斤鱼提取 1 元用于技术培训，聘请专业会计以及购买鱼药、成品鱼销售氧气、氧气袋等开支。此外，合作社通过为贫困户提供就业岗位和增加贫困户的财产性收入，帮助贫困户有效脱贫。一是合作社为本村的贫困户提供就业岗位，显著提高其收入水平，增加其抵抗风险的能力。截止到调研时，合作社已为 22 名贫困户提供就业岗位，每户平均收入 1 000 元 / 月，贫困户获得稳定的收入来源。二是通过将扶贫资金转化为贫困户的股金，增加贫困户的财产性收入，从而带动贫困户脱贫。合作社将申请到的对口帮扶资金转变为贫困户的股金，即将帮扶资金 50 万量化到 38 户贫困户 125 人作为股金，以贫困户个人名义入股到合作社。合作社与村委会签订项目分成协议，按纯利润 3 ∶ 7 分成，其中合作社占 3 成，村委会占 7 成。村委会在其所分得的红利中提取 30% 作为项目管理费及村集体经济收入，剩余 70% 全部分配到项目所覆盖的贫困户。

3. 经济效益初现

2015 年底上市成品冷水鱼 80 多吨，可为养殖户人均增加收入 3 000 余元。以前传统农业每亩收稻谷约 300 千克，最多可获得收入 700 元，投入多收益少。自稻田变成鱼池之后，收益增加了 10 倍，现在养冷水鱼每亩上市成品鱼可达 200 ～ 300 千克，一亩地毛收入

6 000 ～ 9 000 元。生态冷水鱼养殖项目覆盖了 4 个村民组，有 102 户 326 人，其中建档立卡产业贫困户 38 户 125 人，带动贫困户稳定脱贫致富。

4. 社会生态效益并存

生态鱼养殖技术规范成熟，容易掌握，因此对劳动力素质要求不高，这使得农村闲置劳动力被充分有效利用。同时，生态养鱼产业也带动了更多相关产业发展，为乡村提供大量的工作岗位，合理配置劳动力和土地资源。更重要的是，生态养鱼产业最大的特征是生态，为了更好的发展，这里的村民必须保护好生态环境，即“绿水青山”和“金山银山”有机统一起来，村民的环保意识不断提高。

5. 产业的多元化发展

只有养鱼一个产业项目还不行。大荣村在发展生态冷水鱼产业的同时，还发展了核桃、猕猴桃和乡村旅游等产业。大荣村有近 170 户村民发展了特色种植，共发展核桃种植 1 526 亩，猕猴桃种植 200 亩，种养结合，完善农业产业链（图 5）。大荣村贫困户罗正林依靠种植猕猴桃在 2016 年顺利脱贫，他激动地说：“在镇政府和‘村两委’的帮助下，2011 年我家里栽种了 200 株红心猕猴桃，今年（2018 年）猕猴桃至少挂果 2 000 斤，收入预计超过 2.5 万元。有了这些年年都长的‘金疙瘩’，我家不仅顺利脱贫了，还可以发家致富奔小康。”同时，大荣村还加大对丰产林的抚育，现已抚育丰产杂竹林 1 600 亩，丰产楠竹林 2 000 亩，每年可实现收入 200 万元以上。大荣村具有良好的区位优势

图 5　农户种植的猕猴桃

和拥有丰富的旅游资源，周边有燕子岩国家森林公园以及红石野谷和白马溪三个景区，还是前往赤水大瀑布等景区必经之路。大荣村依托燕子岩景区、红石野谷景区、白马溪景区和生态鱼基地优势，大力发展旅游业，旅游业发展前景广。2016 年，全村有 15 户 60 余人从事旅游服务，旅游综合收入 150 余万元。大荣村正准备以村级集体投资、村民入股、社会融资的方式，投资 1 500 万元，在鸡飞岩打造集休闲体验、餐饮住宿、旅游商品销售为一体的旅游综合体。项目建成后，不仅可以拓宽村里的农特产品销售，还能有效带动村民增收致富。

（三）乡村治理渐有效

之前的村干部做事不公道，优亲厚友，村民的矛盾突出，人际关系不和谐，现任村干部通过村民自治、法治和德治等改善民风、改善干群关系。

1. 村民自治强基础

大荣村通过村民自治，改善干群关系，助推产业发展。首先，民主选举出一个高素质、能力强、能带领广大村民致富的村委会班子（图 6）。其次，民主协商修订和完善《村规民约》、《村民代表会议制度》和《村务公开制度》等，充分调动广大村民的积极性，增强广大群众特别是贫困户的主体意识，也增强了群众脱贫致富奔小康的信心，集中精力发展产业。最后，通过村民自治，促进村民自我教育，自我管理，自我服务，以村务公开进行民主监督，给村民一个明白，给村干部一个清白，促进村民和谐，奠定了产业发展的村治基础。

图 6　开民主大会

2. 法治调解保和谐

发动村干部、党员、德高望重的村民一同组建了调解委员会，在村庄秩序维护中充分发挥调解委员会的职能职责，积极排查民事矛盾纠纷，实施好调解运行机制，使矛盾纠纷得到及时调解，成功调解了多年遗留的老矛盾纠纷6件，一般矛盾纠纷82件。同时，采取形式多样的宣传方式，宣传《宪法》、《社会治安处罚法》、《公民道德建设实施纲要》、《环境保护法》、《未成年保护法》、《交通安全法》等有关法律、法规，提高村民的法制观念和法律意识，使民事矛盾纠纷在村内解决，避免转化为治安刑事案件，保障村寨的和谐。

3. 共建德治齐人心

大荣村重塑了道德规范，村民之间互帮互助，干群之间关系融洽，奠定了良好的村治基础。一方面，村支部发挥了党员模范作用，在通村公路修通后，大荣村村支部成立了党员流动服务车队，车队成员利用自家的摩托车和汽车，为大荣村低保户、五保户及其他困难群众免费运送生产生活物资，在短短的几年时间里，运送物资就达几十吨上百余次，该村绝大部分群众接受过车队的免费运输物资的服务。村民说："车队是一面流动的旗帜，把党的温暖送到人们心上。"之前的村干部有很多问题，优亲厚友，矛盾突出，现在车队通过无偿帮助村民运送生产、生活物资，拉近了干群关系。另一方面，村务共治汇集民心。村干部放下了身段，大小事务都与村民共商共议，做到了村民清清楚楚、干部坦坦荡荡。过去的矛盾逐渐消解，村民一心谋发展，不再为鸡毛蒜皮的小事争执，乡风愈加淳朴。

4. 焕发乡风新气象

大荣村不仅注重物质文明建设，还通过感恩教育来加强精神文明建设。大荣村晴天种产业，雨天种精神、学知识，来提升村民的精神风貌，培育文明乡风、淳朴民风。通过算对比账，让村民有感恩之心，对国家和村干部有感恩之情。村干部给村民算了三笔账：一是新中国成立前的心酸账，食不果腹，居无定所；二是大集体的低效账，出工不出力，生产力不发达，效率低带来的坏处；三是改革开放后的甜蜜账，农业税减免之前，每份田土要交公粮、农业税等折合现金每人约260元，而农业税减免之后，不但不交各项税费，国家还实施粮食直补等20多项补贴。通过算账对比，算出了爱党、算出了爱国、算出了团结、算出了守法、算出了诚信、算出了实干、算出了和谐、算出了人人齐心好办事、算出了人人心齐发展快。感恩教育开展以来，邻里关系进一步和谐，村民的精神风貌得到提升，培育文明乡风、淳朴民风，同时群众干事激情高涨，一心谋产业发展，焕发乡风文明新气象。

三、大荣村产业兴旺之路的思考和总结

大荣村村民深知要想发展产业基础设施需先行，村民通过自筹资金修建通村公路，为产业发展奠定了基础；通过巩固和完善各项规章制度及感恩教育，为产业发展营造良好的发展环境；通过致富能手和村干部带头、群众积极参与，依托青山绿水和宜人气候优势，发展高山生态鱼、核桃、猕猴桃等产业。

（一）基础设施先行

边远和贫穷曾是赤水市两河口镇大荣村的代名词。大荣村 258 户 995 名村民在“村两委”的带领下，砥砺奋进，在悬崖峭壁上开山修通村路。大荣村争取各级资金 1 621.5 万元，硬化路 17.8 公里，新建扩建碎石路 48.6 公里，全村通组公路里程是 97.4 公里，通户路已经到达 95%，其中 40% 的通户路得到了水泥硬化，2018—2019 年全村通户水泥硬化路将通到 95% 的村民家门口。全村 80% 的农户购买了摩托车，15% 的农户购买了小汽车。

（二）产业兴旺是基础

大荣村围绕“竹业兴村、种养强村、旅游富村”的发展战略，不断推进产业调整，利用现有区位和资源优势，大力实施冷水鱼养殖、经济林种植、乡村旅社建设等，多渠道、多方式增加村集体和村民收入，加快全面建成小康社会的建设进程。当年这个“三年两不收”的旮旯角，现已发展成为赤水市最大的高山生态鱼养殖基地；当年这个以种植传统农作物为生的村庄，现在村民售卖竹原料，种植核桃、猕猴桃等经果林，收入多元化且大幅增加；当年这个没有致富产业的贫困村庄，现在已形成“山顶种楠竹、山腰种猕猴桃、山下养鱼”的立体生态农业格局；当年这个边远贫困的村寨，现在已变成了远近闻名的小康村。大荣村产

业从无到只有生态鱼养殖一个产业，到养鱼、核桃、猕猴桃和乡村旅游等产业多元化发展，产业“变”多增加了村民收入，也使得村民收入多元化。

（三）乡村善治是保障

大荣村曾是“交通最闭塞、产业最落后、矛盾最突出、班子最落后”的四最之村，还流传着这样一首打油诗，“好个大荣村，三年两不收；冬天冷不停，夏天饿不休；群众窝里斗，青年往外溜”。为了改善干群和村民之间的关系，“村两委”班子积极巩固和完善村规民约，及时办理各项村民事务，经常下村入户为村民做实事、办好事，同时及时调解村里的各种矛盾纠纷，做到小事不出组、大事不出村，把矛盾纠纷化解在萌芽状态。现在的大荣村邻里关系和谐、群众干事激情高涨，齐心发展产业；乡风、民风淳朴，焕发出乡风文明新气象。

第二篇　农民生活变化

新社区，老村庄：改革开放后农民生活条件变迁及思考

——以山东省邹平市牛家村为例

丁志超[*]

初冬时节，山东省滨州市邹平县焦桥镇牛家村400余户村民陆续从旧村搬出，入住新建成的居民区，舒舒服服过暖冬。近年来，邹平县积极推进农村新型社区建设，新建农村社区具有优良居住、社区养老、卫生教育、信息服务、就业保障等功能，使得城镇化向农村延伸，促进城乡一体化发展。

——《新社区里过暖冬》，载于《人民日报海外版》2014年11月29日第2版

习近平总书记曾指出："要破除城乡二元结构，推进城乡发展一体化，把广大农村建设成农民幸福生活的美好家园。"建设美丽乡村，让农村人过上城市人的生活未必是要让农民进城生活，更重要在于实现基本公共服务和生活条件在城乡间的均等化，让人民群众在农村也能享受到与城市相同的公共服务水平和生活条件，真正做到城乡融合。

改革开放四十年来，山东省邹平市[①]焦桥镇牛家村在各方面发生着变化：农业经营方式从改革初的分包到户，到现在整村流转土地给新型农

---

* 丁志超（1992—），男，山东青岛人，中国农业大学2017级博士研究生。

① 原为滨州市下属邹平县，2018年7月2日，经国务院同意后，民政部以民函〔2018〕105号文批复山东省，同意撤销邹平县，设立邹平市，由滨州市代管。

业经营主体实现规模经营；农民收入来源由农业为主转为以非农为主；住房条件实现了从平房到上楼集中居住的转变；出行、养老和教育等条件均得到极大提升；集中供暖、免费宽带、社区免费养老、村村通公交、小学校车等让村庄的生活条件逐渐向城市趋同。但就地实现农村人过上城市的生活，并不意味着村庄与城市社区的完全趋同，城乡融合发展在确保农民享受经济社会发展成果的同时，还需考虑乡村自身独特的政治意蕴、经济意蕴和文化意蕴。农民间、村庄间、城乡间依据自身禀赋确定的不同发展愿景，以及在此愿景下的行动保证了不同主体在市场经济中的竞争优势，故而在乡村振兴、实现农业农村现代化的过程中需要避免盲目冒进、违背农民意愿、无视乡村特色。

利用中国农业大学国家农业农村发展研究院暑期调研机会，笔者实地走访了牛家村，了解了其自改革开放以来生活条件变迁情况。牛家村属于焦桥镇5个管理区（焦桥、刘套、孙段、道口、牛家）中的一个中心村，有6个村民小组，目前共有约370户、近1 200口人，耕地面积2 000余亩。从村庄地理位置而言，位于焦桥镇中部偏南，距镇驻地2.2公里，东临小清河支流胜利河，西靠焦临路（034县道），距镇政府2公里路程，至邹平市最近约16公里路程；村前的县道有邹平汽车站至焦桥镇的公交车，乘公交车至焦桥镇约10分钟、至邹平约45分钟；村庄虽属滨州市，但距淄博市区直线距离约25公里，车程不足一小时，至滨州城区直线距离50余公里，至济南城区70余公里（图1）。所在的邹平市多年平均降水量620毫米，多年平均气温13.7℃，是典型的温带季风气候，小麦与玉米是牛家村历来主要的种植作物（21世纪前还曾大量种植棉花）。

据悉，牛家村曾有清朝袁景芳（号紫兰）[①]家族后花园，目前仍存高5米的太湖石遗迹，相传为咸丰年间袁家后人袁启耀花费三个冬天泼水造冰从桓台王氏家族运来（图2）。本村所在邹平市是历史上有名的齐鲁上九县之一，境内属龙山文化的古城遗址将中国文字史向前推进了800年，从这里走出了口传《尚书》之伏生、魏晋数学家刘徽、宋代名相范仲淹等人物，在近代以梁漱溟7年乡村建设运动而知名，其选取该地时考虑的民风淳朴仍然适合描述牛家村人的特点。

① 清末民初，在我们国家流传着一个民谣，“山西康百万，河南沈万三，山东袁紫兰”，以焦桥的袁紫兰为代表的袁氏家族在清朝豪富了200多年，家中子弟世代为官，在清朝康、雍、乾、嘉这四朝天子执政的一百多年间，袁家涌现出了160多个朝廷的重臣。

图 1　新村所处位置（下圈位置）和旧村所处位置（上圈位置）的谷歌地图截图

图 2　村中太湖石

一、农业生产和收入来源

改革开放后，家庭经营下的土地承包关系逐步确立。改革开放初期原牛家村大队即开始家庭承包经营工作的准备，具体的分包过程十分细致，比如有的路边的土地虽不方便种粮却有木材可卖，于是采用竞拍的方式进行承包。但也存在一些不好解决的问题，如当时各小队的土地质量和人口多少各有不均，实际分地的过程中却还是以各小队为单位，最后的结果就是有的小队家庭分包的土地地多且质量好，有的小队家庭分包的土地地少且质量差，最终全村平均下来一口人能分包到 1.8 亩土地（粮田加棉田）。当时牛家村 1 100 多人大约有 800 人从事农业生产，也就是说去掉老人和小孩外的劳动力基本均在村中进行农业生产活动，主要种植作物即小麦、玉米和棉花等。

在家庭承包土地后，农业经营面临的一大突出问题就是人口变动后的土地分配。其实际的解决办法就是在承包经营后村庄留有一片机动地，根据人口的变化不断进行土地承包面积的调整，直到 20 世纪 90 年代末的二轮承包。根据访谈牛家村村民，二轮承包前，村中土地经常进行小范围的调整，在确定了“三十年不变”的政策后，土地的承包关系算是最终确定下来。

伴随着市场经济发展，村内剩余劳动力外出务工和土地流转顺势而行。市场经济的发展凸显了农业收益的相对低下，也带来了非农就业机会快速增加，农民单纯靠种地养家明显感到力不从心，于是村庄内一些人最迟也在20世纪90年代开始在临近的工厂或建筑队进行非农就业。21世纪以来，村民的非农就业越发普遍，变为一种常态。邹平市有中国规模较大的棉纺织制造商“魏桥纺织股份有限公司”，加之铝业加工和发电厂等大量工业企业，大量吸收了本地包括牛家村在内的剩余劳动力。随着家庭劳动力非农就业的增多，土地闲置增加，农户承包的土地自然开始流转，最初流转的土地租金200～300元/亩·年，到2010年左右达到了700～800元/亩·年。

随着牛家村外出打工、做生意的村民增多，从事农业生产的劳动力减少，牛家村近年转变经营模式，通过集中流转实现规模经营。焦桥镇在2013年左右出台了有关土地流转的优惠政策并组织到外地参观学习后，牛家村在“村两委”带动下于2014年将230户农户的2 000多亩土地进行了集中流转，并以每亩每年1 000元的租金流转给邹平顺泰绿海家庭农场等新型农业经营主体统一经营，种植小麦、玉米。除流转家庭承包地外，村委还组织将村庄搬迁后旧村的约500亩土地按照国土局要求全面复耕种植。

在具体的土地集中流转中，新型经营主体同农户签订了十年合同，虽没有规定租金调整的条款，但相对于原先的租金而言已有很大提高，而且在种粮收益较低的情况下每年从每亩承包土地上获得1 000元收入对农户而言也是不错的选择，村民通过集中流转土地一方面确保了得到稳定的土地收益，另一方面也有更多的时间去从事非农工作，更规避了自然与市场风险带来的收入不确定性。土地集中流转后进行规模经营也促进了拖拉机等机械的使用，降低了种植成本、提高了土地收益。除了集中流转土地的农户外，还有一部分不愿意流转的农户，对此村里发挥了农村基本经营制度中“统”的作用，即组织协调进行同村土地置换，确保了土地集中连片、降低土地细碎化程度，同样促进了规模经营的实现。目前，全村基本实现整村土地流转，集中出租给三家来自邹平市和其他村的家庭农场和种粮大户进行规模经营，还有少量土地由村民自己经营或流转给本村其他人经营。家庭农场和种粮大户在经营时常会雇佣年纪较大的本村村民从事粮食种收和田间管理等工作，规模经营正在进行。

在村集体组织将土地进行集中流转后，大量村民也就不再自己经营农业或兼营农业，直接非农就业，进一步促进了本村的劳动力转移。除将土地用于农业经营外，村里还在搬迁之前就将一部分土地出租给木材加工厂，村民因而可以在加工厂打打零工获得收入。现在牛家村居民的收入来源主要就是非农收入，其中四五十岁以上的劳动力往往在距村不远的建筑队、建材厂工作，年轻人则会选择去外地或离家相对较近的本县大企业工作，整体上正在逐步实现劳动力要素的高效配置。

随着非农就业的完全化，生产要素进一步得到较合理的配置，但也引发一个疑问：牛家村大量村民已不以农业为主要收入来源，甚至大量村民已全然从事非农工作，在此情况下，牛家村这部分村民恐怕仅从户籍身份和居住地而言是农民，若从农业生产角度而言已不能说是农民了，那么可以思考，对于仅是户籍地在农村，但常住地已不在农村的完全从事非农工作的村民而言，这些村民还是农民吗？

二、居住环境

对于牛家村村民而言，近年最直观的变化可能就算从平房住上楼房了。一直以来，牛家村村民居住于宅基地上所建的平房中，和其他村庄没什么区别，一纵一横两条主要道路将村庄分割，茶余饭后村民在道路边乘凉聊天，放学后和假期孩子们就在村中嬉闹；每家每户一个单独的院落坐北朝南，门前伴有一两棵大树，大大的庭院能够散养一些鸡兔，种点蔬菜供自家餐食，倒也是传统农家的乐趣所在；有四五间屋子的100多平方米老屋宽敞明亮，夏天虽没有空调倒也凉快。但是随着房屋使用时间增长，房屋质量问题开始凸显，而且村内空房旧房较多，平房空间大且不集中造成的冬天取暖不便的问题也一直困扰村民。

通过土地增减挂钩和政府财政补贴支持，牛家村利用一年多时间实现了村民上楼集中居住和旧村空房拆除复垦。结合邹平市相关政策和规划以及本村实际情况，村集体同政府共同进行了实现整体搬迁后牛家新村的建设。通过“村两委”、村民代表等到外地参观学习以及对个别存在疑虑的群众细致的工作，全体村民逐渐同意村集体的方案，最终村民全部签订拆迁协议。相关工作于2012年获山东省人民政府批准，2013年村集体利用土地增减挂钩项目和政府的补贴资金，进行新社区规划与建设，同时，将旧村空房拆除，对节余出的土地进行复垦，最终建成的新区占地5.349公顷（约80亩），总建筑面积7.5万多平方米，旧村整体复垦新造耕地500余亩，可置换建设用地指标260亩，获取上级资金1.3亿元用于新区建设。

据村民介绍，通过本村支书与建筑公司的联系，最终新村社区建设工期仅用时14个月，旧村拆迁复垦用时仅1个月，最终于2014年10月通过省市县三级规划、建设、土地管理部门验收，当年初冬时即进行了大规模搬迁。建设之前村集体规定："旧宅平房必须有正屋（院落中有一坐北朝南大屋）的户才可以换一套楼上的住宅"，但是考虑到有一定数量的村民是与他人同住而没有正屋，且规划建筑的楼房也有空余，最终也为了确保这些村民的生活，相应规定只要家中一直有人居住也可得到楼上的住房，从而保证了全村人均能上楼居住。楼房建好后，村党支部还委托县公证处全权负责分房，用一周左右时间完成入住。2016年，全村14栋楼房全部建成，所有村民均实现了"上楼居住"。

建成后的牛家新村包括14栋村民住宅楼和1栋老年公寓综合楼：村民住宅楼一层为车库，其上五层砖混结构每单元每层两户，每户面积有90平方米、120平方米和140平方米等选择，农户可以根据自家情况选择不同户型，所有房屋水、电、暖、燃气、太阳能热水器等生活设施配套齐全；五层的老年公寓综合楼建设面积6 139.06平方米，装有乘客、医用2部电梯，配备200余床位和水、电、暖、热水器、消防设施、无线网络电视等，供本村70岁以上老人免费吃住，此外，村委会、乒乓球馆、非遗展示室等村民生活休闲娱乐文化场所也均设在该综合楼；楼前的小广场配备健身器材，也是平常村民三五小聚聊天、买菜的场所。村庄道路也进行了集中硬化，整个牛家新村像小区一样由围栏围起，村头大门直到焦临路修筑起了一条水泥路供村民出入村庄（图3）。

除了将旧村拆迁复垦外，村集体还将一片洼地进行平整集中，建起了农村生态园，露天种植蔬菜和景观树，村口水泥路南面的长条形土地也被村集体集中起来用作露天蔬菜种植。洼地和本处种植的蔬菜首先供老年公寓日常餐饮使用，每日采摘后老年公寓用不了的蔬菜，则以1～2元一大袋左右的低价销售给本村村民，从而也就经常看见每家每户到晚饭时候在楼下择菜的情形。

图3　牛家新村卫星图（来源为谷歌地图截图）

村中的社区建设也做了些许工作，明显提高了村民的生活质量。村庄临近县道的路边种上了樱花树等，村内楼下的花坛里也种上了旧村的花草果树，其目的就在于打造美丽社区。村内卫生工作则会雇佣村民进行，负责楼道清扫、垃圾运送等（图4）。直观而言，牛家村委会既是群众自治组织，也是社区的物业管家，牛家村已实现“让农村人过上城市人的生活”。

图4　牛家新村航拍（来源于滨州网）

新楼建好后，原本住在平房小院中的村民实现了上楼居住，原来的宅基地则迅速被拆迁复垦，对村民而言居住环境在顷刻间发生了巨大变化。通过访谈可知，若选择90平方米的房子，居住面积相对原来的平房是小了很多，但是居住条件却有了很大的提升。村民们认为房屋比原先更新更整洁，水、电、暖气、太阳能等直接可以使用，生活条件确实提高了不少。不再从事农业经营的村民白天从家中坐公交或骑车、开车去单位工作，晚上再返回家中，似乎已与城市居民无异了。但不容忽视的一点在于，整村搬迁至集中居住的楼房后，从空间而言，改变了原本呈平面分布的相邻而居，每家每户成为了“躲进小楼成一统，管他冬夏与春秋”的生活格局（图5）。在此情形下，传统村庄的社会网络和村庄秩序会否因此而发生改变？

图5　幢幢高楼变新家

三、交通、养老和教育

除住房外，良好的交通条件亦是农民生活水平提高的重要内容，近些年来，牛家村实现了“村村通”，“公车公营”极大地方便了村民外出。享受政府财政补贴的校车也开始运营，改善了学生的上学条件。此外，在新村的建设中也专门修建了条件好、水平高、设施齐全的老年公寓，一定程度上解决了村民的养老问题。

（一）公共交通条件

住房条件得到改善之前，得益于邹平公共交通系统的完善，村庄公共交通已日趋便利。邹平市交通局于1999年开通了县城公交线路，2004年运营的公交车辆超过了100辆，但是邹平到各个镇办的农村客运班车长期以个人承包和挂靠两种方式经营，车主为了自己的利益，多会在乘客人少的时候推迟发车时间，或在满员的时候不到点就提早发车，使得农村客运班车的正点率较低，而且个人承包的农村客运班车单程票价较高，从牛家村到县城需要5元。在经济社会发展下城乡人流、物流日渐频繁，邹平市开始实现公路“村村通”，2009年邹平市城乡公交一体化开始试点，力图实现县城、镇办驻地、行政村三级公交全覆盖。最终县公交客运有限公司统一收回车辆的经营权，给予原有承包业户一定的补助，乘客的上座率不再和个人的收益挂钩，驾驶员只需尽到正点、安全、规范驾驶的职责，就可按月支取固定工资。截至2010年2月邹平市实现城区68辆公交车顺利实现公车公营、2012年2月实现83辆农村客运班车公车公营。

据牛家村村民回忆，2010年时候村头就通了公交车，替代了原有的个人运营车辆，不分远近的2元单程票价比过去便宜不少，而且公交车上还配备有空调，夏天冬天坐车也舒服了不少，早晚高峰十分钟一班、其他时段十五分钟一班。这种公交系统的发展，不仅极大方便了村民的出行，更保证了村民每日离村外出工作和村里学生外出就学，由于县财政直接补贴公交车运营亏损，村民们也可享受与城市市民同等的乘车优惠，出门乘公交已经成为村民出行的主要交通工具。

（二）教育条件

撤点并校和校车运行则见证了村庄教育资源和条件的变化。农村教育问题与国家农村人力资本积累息息相关，对村民而言则意味着孩子未来发展的切身利益。每村设校，儿童就近上学，就会需要大量的教师资源，造成一定的社会财政负担，但若撤点并校，就需要解决孩子上学的交通问题。牛家村在2000年以前，村中有小学，能够承担本村和邻近几个村孩子的小学教育任务，2000年后村内小学被撤，村内的孩子们就得去焦桥镇的中心小学上学，开始了每天和小伙伴们骑着与自己身躯不成比例的大自行车上下学的生活，当时雨雪天穿着雨衣骑行在泥泞道路上不小心摔跤的经历倒也成为现在的谈资了。若上初中和高中，则就需要在焦桥镇上的初中和邹平市的高中过寄宿生活，每周或每两周回家一趟。

后来，随着“村村通”实现，撤点并校给学生上下学带来的不便问题就可以通过校车加以解决。邹平市自2010年9月开始实施农村小学生乘校车补助工程，政府投入 400 多万财政资金按距离远近、乘车次数对小学生交通进行补助，银行直接将补助资金存入学生个人账户。现在牛家村的孩子们上小学就可以直接在村大门口等统一制式的校车来接自己上学，放学后由校车直接送到村大门口，省却了自己上下学路上的“日晒雨淋”。

（三）养老条件

牛家村整村搬迁上楼居住后，建立起了老年公寓，彻底改变了原本的自家养老模式。人口老龄化问题逐渐成为我国发展面临的突出问题，由于城乡二元体制没有被彻底打破，农村老龄人口单纯靠新农保等小额补助的政策难以解决农村家庭的养老负担问题。如何让农村老龄人口安度晚年，过得舒心是农村人普遍关心的问题，牛家村兴建老年公寓让村庄老人免费接受养老服务无疑是一条可借鉴之路。

自焦临路沿水泥路走到村口左拐进村，第一眼看到的就是老年公寓综合楼和楼顶依次排列的“牛家社区老年公寓”几个大字。据村民介绍，自 2014 年村里人上楼居住后，老年公寓便开始装修运营，村中年满 70 岁的老人可以一次性交 3 000 元押金后免费入住老年公寓，不满 70 岁的老人也可以自己交钱入住。两个床位的房间均配有独立卫生间，有电视和热水器等生活设施，老人们早晨起来可以一起做做早操，吃个饭，没事的时候也可以去棋牌室等打打牌、聊聊天，或者去本村菜地干干农活；老人们若想回家住了就可以直接步行回家，家里的孩子们来看自己就直接过去，生活倒也无忧无虑。也正如前文提到的，老年公寓的蔬菜也就是本村自己所种，这样老年公寓的运营成本也省下了不少。

四、生活条件变迁下的村庄和农民

对于经历中国改革开放整个历程的村民而言，生活条件发生的变化显而易见，以人为本的发展最终也让农民真正得到了生活条件改善带来的便利。生产方面，原本集体种植的土地承包到了自己手里，之后自己又能够决定自己种还是给别人种，再到可以放心地把承包地流转给几个规模经营主体，自己则从事非农工作。这种变化更伴随着农户个体收入来源由农业到非农的转变和生活方式逐步与市民趋同。以生活条件而言，从传统村落的平房搬至集中居住的单元楼，从自己骑车到镇上到坐着空调公交车不多会儿就可到县城……

所有的变化和发展由人创造，最终也落脚于人，以人为中心的农业农村发展若脱离于农民显然是不合逻辑的。牛家村村民住行、养老、教育和未加详述的全村免费安装光纤和有线电视等各个方面在改革开放四十年的时间中发生了巨大变化。在此情况下，使得农村人与城市人的日常区别恐怕只体现在生活条件方便程度的略微差异，比如外出工作和购物的绝对距离和进行享受型消费时的难易程度，而伴随着电商和物流深入到村似乎这方面也得到了改善。

（一）生活条件变迁下相关概念的重构与思考

“村庄”和“农民”在快速变迁的时代背景下，其内涵和外延还是传统意义上的村庄和农民吗？一提到村庄，从不同维度可以有不同的理解：从行政角度而言，村庄是基层群众自治的基本单位；从人文地理角度而言，村庄是人类聚落的一种形式，是人们共同生产生活的空间存在；而从文学和心理角度而言，村庄又是一种精神寄托，是从农村走出来的人内心的乡愁和内心归属；从经济角度来看，一个村庄又构成从事某种农业生产的经济组织和市场……那么，对农民而言，我们现在的农民是指从事农业生产的人抑或具有农业户口的人，还是生活在农村地区的人？

无论从何种角度而言，时代变迁背景下对村庄和农民的理解总不会一成不变。伴随着生产生活条件的变化，牛家村的大量村民从农业生产角度来讲已非农民。在整村搬迁、整村进行耕地流转后，村民居住环境的空间格局越发原子化，而职业结构也已被解构。虽然表面上仍然是以种植业为主的传统村庄聚落，农业劳动力和土地要素也都在本村进行配置，但农业生产决策人已非完全是本村农户，而是外村甚至城市而来的新型农业经营主体，村民从原先的决策和主导农业生产全过程的生产主体转变为单纯的农业雇佣劳动力，即村庄的农业经营活动并非本村人员负责，村庄人员与农业生产决策实现了分离。

对于村治理而言，村民委员会自治的范围是否应当包含来从事农业生产的新型农业经营主体，甚至是在本村居民家中租住的人员？村民自治的范围究竟如何界定才适应村庄的变迁？而伴随着越来越多的年轻人离开村庄外出上学就业，其社交圈和社会资本积累不限于传统的乡土社会集中于本村，村内的社交往往被年轻人放于从属地位，今后的“乡愁”究竟是村庄地缘纽带和文化，还是仅仅那几十平方米的住宅？随着村庄的变迁，这些概念无论是仅仅在语义学意义上还是真正在实质意义上均发生了变化，都涉及对乡村结构性变化的认知。

（二）生活条件变迁下的传承与保留

村庄在时代进步大背景下发生的变迁，以发展的眼光理解农村农民有其必要性，但是村庄和农民总以其稳定的特性保持着自己的独特，既不同于过往的自己，也不同于同期的城市。对于本文的主角牛家村而言，牛家村在集中搬迁上楼后，村民间的社交网络和相互之间的交往仍然维持在原有的水平，相互之间的交流和互助仍然维持，如：村内的邵大爷一直帮助人们送报、寄信和汇款等事宜，并未因居住空间的变化而有改变；每到下午时候，村民住宅楼下还是有三五成群的老人围在一起打牌聊天。村内的关系网络并未因居住空间的改变而马上消除，相反因为村内人际网络的相对稳定性而得以保持，加之村庄公共活动和老年公寓的存在等，村民间仍然有足够的机会和空间进行相互间的沟通协作，似乎传统意义上的乡土社会情感仍然得以保持，但是不容忽视的问题在于年轻人大量离开世代居住的村庄后，村内留守的老人维持的村庄社交网络能否长期的传承下去？

从牛家村人的身份认同而言，无论身处何地，牛家村长大的人还是具有属于自己的“乡愁”，这也源自于村庄乡土社会在心理上留下的烙印。村集体经济组织和村自治组织充分发挥着自身的作用，在文化娱乐活动、解决村民困难和矛盾时均能体现自治组织的作用。而从农业生产经营而言，即使农业生产不再由村民主要负责，但是土地承包权仍归村民且长久不变，村民仍然是农村土地的最终所有者，对耕地拥有充分的用益物权，因而经营中的要素产权边界仍然清楚。

《人民日报（海外版）》在报道牛家村村民搬入新住宅的新闻中如此描述：“在新建农村社区具有优良居住、社区养老、卫生教育、信息服务、就业保障等功能，使得城镇化向农村延伸，促进城乡一体化发展。”从报道中不难看出，牛家村村民进入新建社区生活，主要的意义在于实现村民生活水平和条件向城镇趋同，而非生活生产的方方面面均完全与城市一样（若真完全相同，城乡概念再也无需存在）。因而，可以说改革开放以来牛家村村民生产生活条件的改善，一方面在于经济发展到城乡一体化的阶段时，城乡间人民生活条件和生活水平逐渐趋同，促进城乡一体化的实现；另一方面，村庄发生的变化再大，村庄本身的一些特点仍然存在，包括对土地的权属关系、乡土社会中的社会网络、群众自治组织和集体经济组织的作用等，这些方面并不会因为基础设施和生活条件的改善而被彻底磨灭，这恐怕也是村庄不同于城市社区的关键所在。

（三）对变化中村庄、农民的理解与思考

对于牛家村村民而言，改革开放四十年来，生活条件发生的巨大变化暂时仅体现于生活水平的提高，村庄内部的社会网络和村集体组织的作用发挥仍保留有传统意义上村庄的情况。但是不容忽视的问题在于随着生活条件的改善，村内劳动力外出进行非农就业的机会大量增加、交易成本大幅下降，农村的养老、教育等模式也发生着巨大的改变，村庄内部的农业经营模式也在发生变化……伴随着这些改变，在不远的将来又将引致怎样的变化？在传统村庄和农民的概念被解构的情况下，村民是否仅仅是居住于牛家村的人？最终村庄的产业和居民实现分离、新一代村民外出就业和定居后，村庄是否会逐渐空心化、村内农户间是否逐渐原子化？对于村庄而言，管理模式和管理的范围是否会产生彻底的变化？

因此，通过在牛家村的走访调研，笔者最大的感触在于村庄生活条件在四十年的发展中确实发生了巨大进步，但是这种发展进步不能仅仅从生活水平提高和改善村民就业机会等角度简单视之，更应以更具前瞻性的视角考虑村庄、农户和村民如何适应不断发展进步的现代社会，我们在这样的背景下又该如何理解村庄、农户和村民的新内涵。

五、从一村变迁思中国农村发展

党的十九大报告提出实施“乡村振兴战略”，2018 年的中央 1 号文件提出“乡村振兴战略”的目标任务包括有 2020 年“城乡居民生活水平差距持续缩小”、“城乡基本公共服务均等化水平进一步提高，城乡融

合发展体制机制初步建立”，到 2035 年“城乡基本公共服务均等化基本实现，城乡融合发展体制机制更加完善”，到 2050 年“乡村全面振兴，农业强、农村美、农民富全面实现”。乡村振兴是我国经济社会发展到现阶段这一高水平后，中央对农业农村工作做出的战略性部署，这意味着将实现农村全面发展。在此背景下，国家、农村集体、农民家庭、农民个体均会对农业、农村、农民的未来产生各样的愿景，这些愿景必然包含着乡村基础设施和公共服务等基本生活条件的极大改善，最终实现城乡全面融合。

城乡融合发展是确保农民享受经济社会发展成果、保证社会公平的重要体现，正如在牛家村能够看到的——基础设施和基本公共服务建设得如同城市一样。可是城乡融合发展背景下，还需考虑乡村与城市的不同，乡村有着自身独特的政治意蕴、经济意蕴和文化意蕴，简简单单将农村打造成城市的模样就实现了“乡村振兴”吗？

通过笔者调研，在城乡融合发展的背景下，村庄和农民都有自身不同的发展愿景和规划，而愿景与规划的不同保证了村与村之间、农民个体之间的差异性，正是差异性的存在进一步保证了不同村庄和农民个体在市场经济环境下的竞争优势。如同牛家村附近的村庄依托自己的优势发展各自的特色种植养殖，牛家村村民依据自己的特长从事各种行业。乡村与城市的发展也应当体现这种存在的差异，实现社会分工的细化，真正让农村发挥好其农业生产功能、生态功能、文化传承功能，确保乡村基础设施建设和公共服务供给等生活条件的改善有针对性、有差异性，切忌盲目冒进、违背农民意愿、丧失乡村特色。

挣扎与希望

——农村女性视角下的乡村医疗和教育变迁

邢璐瑶 *

强化农村公共卫生服务，加强慢性病综合防控，大力推进农村地区精神卫生、职业病和重大传染病防治。完善基本公共卫生服务项目补助政策，加强基层医疗卫生服务体系建设，支持乡镇卫生院和村卫生室改善条件。加强乡村中医药服务。开展和规范家庭医生签约服务，加强妇幼、老人、残疾人等重点人群健康服务。倡导优生优育。深入开展乡村爱国卫生运动。

——2018 年 1 号文件《中共中央 国务院关于实施乡村振兴战略的意见》

改革开放 40 年来，经济社会变化日新月异，乡村的方方面面同样发生了翻天覆地的变化。乡村振兴战略要求产业兴旺、生态宜居、乡风文明、治理有效、生活富裕，而这一切蓝图愿景的基础在于农民生而为人的个体，与之相应的民生问题理应备受关注。本文从农村女性与医疗工作者的角度观察并记录了近四十年间 D 村医疗环境和教育状况的变化，从微小处表现真实的乡村生活。

一、80 年代之前的乡村医疗与教育

D 村，是笔者的家乡，依稀记得小时候随奶奶和爷爷在此居住过半

* 邢璐瑶（1991—），女，河南濮阳人，中国农业大学 2016 级博士研究生。

年，印象依然停留在那年春节的除夕夜。新修的柏油路上一层厚厚的积雪，路灯下闪闪发光。零点时分，庆贺的“二踢脚”和烟花响彻夜空，准时出门放鞭炮的邻里互相拜年，孩子们提着自制的小灯笼嬉闹着无眠。听老一辈的人讲，200 年前，D 村由一个嗜赌的人用赌赢的钱买下，带着自己的 6 个儿子定居在此，此家族便开始繁衍生息。为了解更多 D 村的历史变迁，笔者寻访了村中长者和年轻人，长者虽年事已高，但每每提起以前的事情，思绪却不曾停断，感慨万千。

回溯到 1958 年，D 村大约有 500 人，临近黄河滩区，农田面积少，人均耕地不足 2 亩，又遭受连年自然灾害，原本就毫无积蓄的日子变得更难过。幸好后来，国家响应“备战、备荒、为人民”的号召，举国大力发展农业生产，全力解决人民吃穿用问题。有幸寻访到一位从邻村嫁来 D 村的张奶奶。她作为家中的大女儿，注定没有接受教育的机会，早早通过亲人介绍认识了老伴儿。当年，娶新娘大约花费 30 元，给新娘置办一身秋装、一身冬装、一副耳钉、一个戒指。倘若嫁到兄弟众多的家庭，新娘佩戴的唯一的头饰可能已经被用过多次。多数农村家庭会有 5 ～ 6 个子女，张奶奶就是嫁给排行老三的丈夫，也正是因为兄弟较多，全家人挤在一个宅子里居住。房子是土坯房，墙体也都是土堆砌成的，仅地基有两层砖块，天花板是由两根树干交叉支撑着，树干上放一层厚厚的高粱秆儿，在高粱秆上铺一层麦子秆儿，最后铺上湿土。这便是一家人生活居住的地方。

提到农村教育状况，张奶奶骄傲得讲起了自己的老伴儿：1936 年出生，排行老三,一直到 14 岁时，才因二哥不愿上学“捡到”一个读小学的机会。初中毕业后，第一次“高考”失利，回乡当了 1 年小学老师，第二年考上一所医学专业学校，学习临床医学。自此，D 村有了第一个通过教育脱离“种田”的人。老伴儿在外求学的 5 年间，张奶奶一直在农村操持家务和农活，做一些编织物件儿去售卖，生活勉强维持，也从不惧怕生活的艰苦。作为女性，张奶奶感叹道曾经在心理上担忧村民的闲言碎语，不由得说起很多女性受到的不公待遇：若有谁家的男主人去外地打工，全村人就召集开会批斗这位妻子，认为她没有照顾好家庭；在集体劳作的时候，如果女性迟到或早退，生产队长就拿着喇叭筒在全村范围内数落。

在那个年代多数人依然无法吃饱，收获的粮食需要全部上交生产队，等大队上缴国家后将剩余部分重新下发给每家每户，为了给年幼的孩子做饭，甚至有人会冒险跑到田地里偷粮食。在如此窘迫的生活环境下，村民们对“生病、治病”等相关事情没有任何概念。假如身体出现不舒适，只会在家中等待自愈或死亡。当时，村中有一位老中医，就是大家常说的“赤脚医生”，开了一家很小的诊所，不懂西医，只会配中药，虽然力量薄弱，但依然为乡村百姓解决了一些问题。如此情况下，在全国范围内，出现了由广大农民自发创建的农村合作医疗制度，加上政府的有力支持、赤脚医生的积极参与，组织迅速发展壮大，极大地改善了农村医疗卫生服务体系状况。

70 年代前后，是我国乡村医生数量的鼎盛时期，人数达 500 多万人，其中赤脚医生 180 万人，卫生员 350 万人，还有接生员 70 多万人，队伍规模远远超过当时卫生部门拥有的卫生人力总量（220 万卫技人员）。张奶奶的老伴儿毕业后便回到乡镇公社医院上班，作为为数不多的接受过正规训练的卫技人员，工作量大、工作要求高，几年后工资从 29.5 元 / 月慢慢涨到 45 元 / 月。在那个时期，大部分家庭的口粮必须需要工分来挣，用货币购买市场上高价粮食的人并不多。农村劳动力多的家庭可以挣到足够的工分，以此来换取粮食。随着三个孩子的降生，家中只有张奶奶 1 人干农活，1 个人的工分无法养活 4 个人，粮食亩产非常少，市场上的粮食价格比较高，张奶奶的老伴儿就拿着工资到生产队去买粮食。换句话说，张奶奶和老伴儿就像是当年许多农村家庭和医务人员的缩影，虽然生活不富足，偶有缺衣少食，但从此便不再受饿了。

二、20 世纪初的乡村医疗与教育

1982 年，在党和国家的号召下，包产到户正式合法化。D 村的村民终于可以自主经营部分土地，房前屋后，点瓜种豆，产权改革释放了农户家庭高效配置资源的积极性，全村 1 300 亩耕地从此被高效经营起来。为了提高产量，农户不再单纯施用家禽有机肥、黄豆渣和芝麻渣，逐渐改为使用磷肥等各种化肥；由于农业基础设施不断得到改进，村庄临近水源，挖沟、修渠，修建灌溉设备；筛选优良的种子，县域提供科学指导，粮食产量逐渐上升，从 200 斤 / 亩涨到 600 斤 / 亩。虽然村民依然需要按土地面积上缴公粮，但和之前相比上缴量较少，大多数余粮可以拿到市场售卖，也可留下自用。即使多年后想起来，张奶奶还能笑得眼睛眯起来：“这是一件天大的好事啊，全家人终于不用再为口粮发愁了，还能存住粮食呢！”正是从那时起，村民们吃上了热腾腾的馒头，有户人家也开始以蒸馒头和卖馒头为生计，村民用自家粮食去换馒头或者馒头票（一斤半麦子换一斤馒头）。村民们吃得饱了，身体情况自然比原来好了很多，新生儿出生率开始上升，死亡率逐渐下降。从图1全国人口自然增长率数据[①]来看，1978—1987年，我国人口数量一度快速增长。

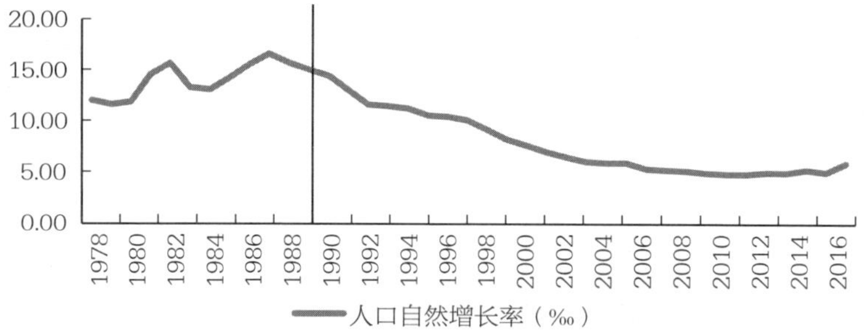

图1　1978—2016年全国人口自然增长率

资料来源：《中国统计年鉴》。

期间，D村的人口达到600多人，多数村民已经不需要为吃饱绞尽脑汁，生活还算过得去，但依然没有种田以外的收入渠道和多余的储蓄资产，村里最富有的家庭资产也不超过200元。全村的住房仍然以泥坯房为主，稍有改善的家庭开始使用晒干的土块盖房子。虽然建筑材料的形状逐渐固体，但房屋稳固性很差，每逢雨天必定屋内漏水。村里的人越来越多，人均宅基地面积越来越少。幸好张奶奶一家人在村中邻里间关系融洽，品行好，加上大队部的照顾，很快用自家耕地与几户村民换了半亩宅基地，盖起简易土房，拥有了第一个真正属于两人的家。张奶奶指着眼前的砖瓦房说，“想当初住了30多年的土屋，才盖起这红砖瓦房，也正是分家后，妇女在家庭中的地位逐渐提高，甚至独当一面操持家务和农活。”

① 数据来自国家统计局。

我国人口快速增长，一方面与稳定的粮食供给有关，另一方面与日渐改善的农村医疗卫生服务状况有关，新生儿死亡率降低，病患救治率上升。1985 年，全国乡镇卫生院床位 72.06 万张，全国村卫生室个数为 77.77 万个，设卫生室的村数占行政村数 87.4%，其中村办卫生室 30.55 万个，私人办村卫生室 32.39 万个；1990 年，全国乡镇卫生院床位 72.30 万张，全国村卫生室数量上升为 80.39 万个，其中村办数量减少至 36.61 万个，而私人办卫生室涨至 38.18 万个。D 村的小中药铺也变成了有西药的卫生所，可以看病、卖药、打针和输液。村里的医疗卫生服务环境改善得益于政策扶持，但实际成效如何仍与村民意识和素质息息相关。

新中国成立以来，全国人口快速增长（图 2），考虑到四个现代化建设的速度和前途，子孙后代的健康和幸福，为争取在 20 世纪末把中国人口总数控制在 12 亿以内，号召一对夫妻生一个孩子。1982 年 9 月，“计划生育”政策被定为基本国策，12 月写入宪法，提倡晚婚、晚育，少生、优生，从而有计划地控制人口。从此后 20 年中国社会的发展来看，“计划生育”政策对中国人口问题和发展问题的积极作用不可忽视。

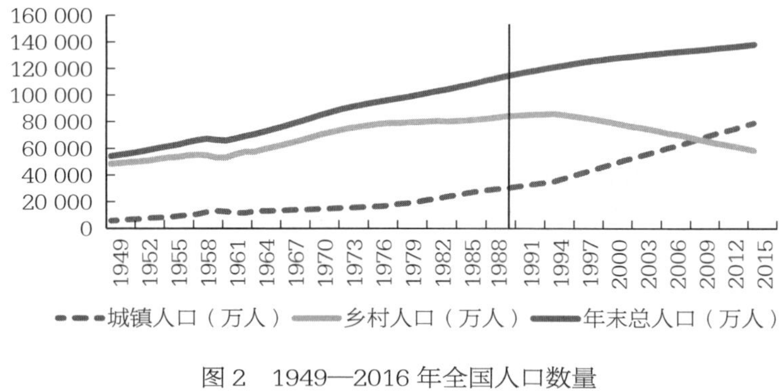

图 2　1949—2016 年全国人口数量

资料来源：《中国统计年鉴》。

农村地区倡导“计划生育政策”后，每户生育的孩子从 6 ～ 7 个减至 4 ～ 5 个，张奶奶有 3 个孩子，生活压力相对小一点，丈夫在乡镇卫生院有固定工资收入，家中 4 人都是农业户口，大约有 8 亩地，种植麦子、红薯、谷子、棉花和黄豆，亩产非常低，口粮仅仅足够家里吃；

红薯除了吃，做成红薯粉、红薯粉条、红薯丸子以便于保存；谷子卖了 200 斤，大约 0.5 元 / 斤；3 亩棉花地，棉花 3 元 / 斤，大概可以卖 350 元，便可供应孩子们上学。村里只有小学和初中，教学口碑远近闻名，也是附近乡镇出名的重视教育的村庄。张奶奶的丈夫接受过教育，对孩子们的教育非常重视，听说附近省市的高中教得好，便想方设法送孩子们到外地就学，不论生活如何清苦，也一定要支持孩子深造。孩子们相继考上心仪的学校，大女儿是全村第一个大学生，小女儿是全村第一个研究生。

20 世纪 80 年代中期至 20 世纪末，中国农村的乡村医生转入平稳发展时期，乡村医生数量从 1986 年的 64 万人增至 1998 年的 99 万人，增长 50% 左右，但同期卫生员从 65 万人降至 34 万人左右，12 年渐渐少了一半。这一巨大变化主要是因为卫生员需要通过反复培训，使得大量卫生员通过乡村医生资格考试，取得了乡村医生证书及颁发行医执照，本质是考核体制带来的“门槛效应”。张奶奶的老伴儿在乡镇卫生院做医生，早期医生数量不多，大部分医生没有过硬的医疗技术，县卫生局需要通过频繁得调动乡镇医生的工作地点以便充分救助各地的病人。随着国家对卫生服务事业的发展，城镇居民越来越重视自身与家庭成员的健康，而农村居民的信息源相对闭塞，医疗知识与意识并没有太多变化。张奶奶说：“多数村里‘身体不舒服的人’不知道自己病了，‘感觉自己病了的人’不去看病。”这种状况直到 20 世纪末才得到一点改变。

1992 年，张奶奶的老伴儿退休后，回村里开了一家临街的小诊所，给邻里们抓点药、看看日常疾病，中西医结合，治病售药的价格公道，远近乡镇口碑很好。张奶奶的孩子们都已经有了工作和工资，在农地辛苦了一辈子的她告别了农活，开始享受天伦之乐，和老伴儿合计拆了家里的土房，建起了全村第一幢像样的红砖瓦房。此时，种田还是大多数农民的主要收入来源，D 村多种植小麦、红薯、玉米和豆子，早期修建的水井和水渠等设备逐渐完善，引流附近的黄河水，从此农民们种地更加方便，粮食产量也越来越高，村里的经济慢慢变好，大家的生活水平也逐渐提高。渐渐开始有人外出务工，去工厂做工人，虽然数量不多，但人们的收入来源渠道变多了；政策放开了，有的人也开始开个小店，卖日用品和零食，卖农资和种子；农民家里还没有家用电器，主要的娱乐是打麻将、打纸牌等。

村民们生活质量提高了，人情交流也丰富起来。每逢红白喜事，家族内部关系亲密的亲人就会互相随礼，但没有兴起大范围随礼的风气。张奶奶回忆着说，娶媳妇需要花费300元左右，购置一辆自行车，置办几桌简单的酒席。现在农民对于儿女教育的重视有增无减，“重男轻女”的陋习慢慢消失，90年代出生的孩子基本上都能得到上小学、初中，甚至高中的机会。“男女平等”等思想的宣传使妇女地位得到进一步提高。

在医疗需求方面，农村女性作为家庭生活的主要操持者，她们的自我保健与家庭保健的意识依旧非常淡薄，尚未认识到疾病防范的重要性，更不用说思想陈旧的老人和心思不够细腻的丈夫。大多数妻子的生活重心在家庭、孩子和丈夫身上，无暇顾及自身健康，很少有人主动到医院做身体检查，感冒等常见疾病主要依赖乡间诊所。更有甚者直到去世都不清楚自己得了什么病，亲人和邻居也仅仅知道患病者身体日渐消瘦，却不知如何救治。即使少数人了解重大疾病症状，但由于初期不影响日常生活，多数人还是选择去诊所输液缓解身体疼痛，并未真正重视病情，加上高额的医疗费用，更是避之不及。医疗工作者说，虽然国家鼓励并支持县域保健机构定期下乡提供免费健康普查，现实却是受限于经费，项目时断时续。

三、新时代的乡村医疗和教育

2003年，村里唯一一条临街路铺上了沥青，笔直又平坦，来往交通和出行更加方便。随着“家电下乡”补贴政策的普及，90%的农村家庭用上了彩色电视机，信息传递更加快速，越来越多的人可以获取到外地就业信息，青壮年纷纷外出务工，也因此开始出现留守妇女和儿童。没有外出务工的农民依然以种田为生，种植品种逐渐趋同，第一季种植麦子，第二季种植水稻，同品种连片种植规模越来越大，耕地、收割等开始使用大型收割机等农用机械。虽然种地劳作比以往轻松不少，但年轻后代却逐渐不会种田，慢慢地就不再去干农活了。由于家庭成员的变动，D村每隔几年便调整一次各家各户的耕地面积，根据是否有人去世、嫁娶、新生儿和户口迁移等情况来增减土地。比如，张奶奶家中三儿女均已到城市就业定居，家庭几乎丧失了所有承包地，但她认为根据人口来灵活调整土地是村组织管理集体土地和维护集体成员社会关系的好方法。一直到 2013 年，D 村停止了村内小规模调整土地。村内土地调整制度因村而异，有的村庄自包产到户后就没有变动过。

随着社会发展，土地已经不再是村民唯一的资产来源，人们的生活从温饱基本线已经提高到“体面”需求阶段，而生活水平与社会服务各个方面都息息相关，其中，公共卫生服务作为社会保障体系尤为重要，“因病致贫”等情况在乡村屡见不鲜。公共卫生服务方面，国家逐渐开展各类医学技术免费培训项目，大力扶持县级医疗机构；医疗机构开始重视提高医疗工作者的技术水平，医生们得以有机会到省、市高级医院学习和培训；各机构的医疗设备跟着升级换代；更重要的是“新型农村合作医疗制度”的确立及实施，使得村民们看病花钱有了更多保障。事实上，整体就医费用相对较低的情况下，村民们没有体检、保健和就医意识是致命的问题；虽然县级及以下的医疗资源和医疗条件整体较差，医生队伍的资质和水平普遍较低，而患者仍然比较依赖县级医院和县级以下的卫生院，极少有人愿意到市级医院寻求救治。

2002 年 10 月，中央明确提出各级政府要积极引导农民建立以大病统筹为主的新型农村合作医疗制度（以下简称新农合），除此之外，各类医疗保障制度和支持补贴条例陆续出台。比如，正常情况下的产妇分娩需要花费 650 元，农村孕产妇住院分娩获得国家免费补助 300 元，再加上其他报销补贴费用，无突发病情的正常分娩手术仅需要花费 50 元即可。正是医疗知识宣传教育的增加，农村妇女们逐渐意识到孕产伴随的高风险，家庭和社会对妇女的关心和理解有了明显的改善，从此，越来越多的孕妇选择到医院分娩，取代了原本在自己家里分娩的危险行为。

公共保障政策的支持和宣传尤为重要，从根本上提高乡村居民的意识与观念却不是一朝一夕的简单事。2004 年，张奶奶的邻居霞姐在医院顺利分娩，家人希望他一生快乐，取名叫乐乐。他本是一个足月生产的正常男婴，但 14 天后突发高烧。作为一个农村妇女，霞姐缺乏孕产常识，无法判断自己的身体情况；乐乐的爸爸和奶奶按照以往的经验，认为小病不需要过多在意。最终，多种原因造成乐乐持续高烧 3 天，而且只在家中或乡村卫生室就医，并没有好转的迹象，等送到市人民医院检查后，才发现乐乐的大脑已经受到非常严重的损伤。由于经济条件有限，没能及时在早期对孩子进行医疗救治，导致最终确诊为脑瘫。此后12年间，便一直是我初次见到乐乐的那一幕：一个无法行走，站在钢筋框架笼子车中的小男孩，整日与小铁车待在一起，铁网范围内“席地而坐”，晚上回到床上。为了防止摔倒，车子需要有一定的重量，身体长大，铁车随之改造更新。脑瘫患儿的康复治疗不仅需要花费大量金钱，还需要耗费大量的精力，本就不富裕的家庭条件使得霞姐只能慢慢放弃康复治疗，任其自然生长。

2006年，霞姐再次怀孕。此时的霞姐和家人都没有产检意识，甚至在乡村卫生室劝说去产检的情况下依然缺乏对产检的重视，导致婴儿在母亲体内时间太久，超过预产期20天，直到感受到剧烈腹痛后才拨打120电话，加上急救车在赶往农村的路上时间拖延过久，致使霞姐临时在120急救车上分娩。由于医院病人多、医生少，到医院后婴儿并未及时得到全面的检查，在家人再三询问婴儿是否感染后，医生才发现病情的严重性。住院3天后，儿科大夫会诊发现婴儿得了吸入性肺炎，随即转入儿科病房治疗7天。没想到，被医生告知幼儿大脑缺血、缺氧，还需继续治疗，随后20天花费近3 000元。对12年前的农村贫困家庭来说，这笔巨款已使没有稳定收入来源的家庭倾其所有。不幸中的万幸，由于治疗及时，妹妹健康长大，目前已经在读小学3年级。

虽然家庭经济条件并没有太多改善，但考虑到乐乐和家族的未来，2009年霞姐家又降生一名男孩。霞姐在怀孕期间定期产检，足月分娩，弟弟身体健康。在农村，新生儿父母没有婴儿早教的概念和意识，忙于农活，无法兼顾培养孩子的事情，因此弟弟一直由奶奶来照看。令人震惊的是，弟弟直到3岁时还不能完整得说出一句话。在邻居们的议论和催促下，霞姐才意识到需要带弟弟到省级医院做检查，诊断结果显示：孩子听力有严重障碍，需要安装人工耳蜗。将近20万的高额医疗费用使得这个本就羸弱的家庭负债累累；虽然通过残疾人救助和民政局帮扶解决了部分费用，也仅仅是杯水车薪。安装人工耳蜗之后，霞姐带着弟弟离开家乡，去收费较低的私人聋哑学校接受训练和教育，一边打工，一边照顾弟弟。霞姐外出的2年间，乐乐和妹妹依然由年迈的奶奶照顾。期间，70多岁高龄的奶奶摔伤2次，幸好思维清晰，精神状态良好。乐乐爸爸在家里排行老三，没有文化和技术，常年在外地打工，农忙期间回家干活，没有稳定的收入，十几年来拆东墙补西墙，看似牢固的砖瓦房内一贫如洗。

面对乐乐家的遭遇，笔者有点不敢相信其真实性，也了解这种多灾多难的贫苦家庭实属个例。需要关注的是，霞姐和家人“医疗卫生观念落后”的确是导致家庭医疗事故多发的重要原因之一。现实中，更多的农村家庭因女主人患病而致贫，甚至家破人亡。妇女作为家庭的重要成员，其教育程度、文化水平和身体健康程度等对家庭其他成员的各方面影响都非常大。

自2009年，中国做出深化医药卫生体制改革的重要战略部署，确立新农合作为农村基本医疗保障制度的地位以来，新农合补贴不断提高。2017年，各级财政对新农合的人均补助标准达到450元，其中：中央财政对新增部分按照西部地区80%、中部地区60%的比例进行补助，对东部地区各省份分别按一定比例补助。农民个人缴费标准在原则上全国平均达到180元左右。同时，国家与政府非常关注农村女性健康状况。县级妇幼保健机构的医务人员说，2016年国家出台针对县级以下妇女的连续三年的免费“两癌（宫颈癌和乳腺癌）”筛查政策，全县35～64岁之间的农村适龄妇女都可以免费接受体检，国家政策不仅支持免费检查，还会对疑似患者进行进一步复查，对确诊患者进行医疗费用补贴。虽然医疗机构和当地政府对此进行了大力宣传和支持，2016年实际仅有7 225人接受了检查，较多的农村女性无法接受“妇女医疗保健”相关检查，也有部分人担心自己检查出癌症，无法面对巨额的治疗费用和社会心理压力。在第一年的检查结果中，仅有30%的疑似患者愿意接受进一步复查，在接受复查的患者中仅有10%愿意继续治疗。

2017年，有不到7 000人接受了检查，虽然数量比第一年少，但大众面对检查与治疗的态度更加积极。很多第一年拒绝检查的人，主动找到下乡医疗队要求检查；并且复查人数和治疗人数显著增加。由于年轻女性的意识更超前，前两年接受检查的女性年龄普遍偏低。截至2018年8月份，2018年已有近9 000人接受了检查，接受检查的年长妇女明显比前两年增多，多数检查者的年龄分布于45～64岁。结果显示，疑似患者的比例比前两年明显升高，愿意复查与愿意接受治疗的患者比例也大幅度升高。整体来看，农村女性群体的保健、疾病预防意识有明显改观，这一变化对农村社会和农村家庭的发展会有极大益处。

在教育普及方面，D 村的孩子多数还是在本村上小学和初中，学习好的孩子才有机会继续上高中，高中就学率渐渐从 2013 年的 30% 提高至 70%；少部分经济条件宽裕的家庭会将孩子送到县级中学去学习。随着学生资源的减少，村里的初中教师逐渐流失，教育水平经历了一段大不如前的时期，国家意识到农村小学和初中教育是不可或缺的重要环节，出台的“特岗老师”政策，使得乡村教师队伍融入更多新鲜血液。

回顾 60 年变迁，中国在“三农”领域取得了诸多成绩。通过对农村的深入调研，从农村女性的视角解读乡村医疗和教育的变化，感触颇深。长期以来，国家在乡村医疗与教育两方面保持着持续政策关注与资金投入，基础设施建设得到巨大改善。调查发现，在看病买药方面，医疗环境越来越规范，惠及民生的政策切实落地，村民普遍反映已经非常快捷便利；在教育方面，政策引导教育领域的人才和资金逐渐回流乡村，缩小区域和城乡的教育资源和水平差距，县城层面的教育、培训机构越来越多。

然而，在基础设施建设水平得到显著提升的同时，依然有更多突出问题值得深思。首先，从乡村治理角度，很多村庄的教育资源流失和儿童辍学情况依然非常严重，不仅需要防范部分地区的乡村儿童高中就学率没有显著提高，甚至出现下降的情况，还需要加强专科教育队伍的建设，拓宽教育渠道，增加更多选择；其次，从社会发展的角度，需要重视医疗和教育常识等知识的普及程度，重点加强农村群体对及时就医和素质教育重要性的认识；最后，从民族复兴角度来看，富含中华历史底蕴的传统文化不能被遗忘，农村作为文化传承的一个重要载体，需要振兴，更需要保护。不仅要保护生态环境，更要重视文化传播。全面提升国民生活水平与生存能力离不开医疗保健，更离不开学科教育和文化传承。

养老之路在何方？

——山东省威海市农村养老的变化及启示

鞠劭芃*

完善统一的城乡居民基本医疗保险制度和大病保险制度，做好农民重特大疾病救助工作。巩固城乡居民医保全国异地就医联网直接结算。完善城乡居民基本养老保险制度，建立城乡居民基本养老保险待遇确定和基础养老金标准正常调整机制。统筹城乡社会救助体系，完善最低生活保障制度，做好农村社会救助兜底工作。将进城落户农业转移人口全部纳入城镇住房保障体系。构建多层次农村养老保障体系，创新多元化照料服务模式。健全农村留守儿童和妇女、老年人以及困境儿童关爱服务体系。加强和改善农村残疾人服务。

——2018年1号文件《中共中央 国务院关于实施乡村振兴战略的意见》

当前，我国已步入急速老龄化阶段。根据2010年第六次全国人口普查数据，我国60岁以上人口1.78亿，占总人口的13.26%；65岁以上人口1.19亿人，占总人口的8.87%。截至2017年底，中国60岁以上人口已达2.41亿，占总人口的17.3%。其中，农村老年人口规模是城市的1.69倍，比重已超过总人口的18.3%，城市老年人口比重也达到7.97%。随着老年人人数和比重的不断增加，养老问题备受关注。尤其在社会公共服务相对薄弱的农村，如何实现“老有所养、老有所依、

* 鞠劭芃（1993— ），女，山东威海人，中国农业大学2017级博士研究生。

老有所乐、老有所安”，是迫切需要解决的问题。

此次调研走访了威海市文登区，此地是中国长寿之乡，现有60周岁以上老年人17.2万人，占总人口的29.5%，其中80周岁以上高龄老人2.47万人，老龄化程度居于全国前列。如何有效解决养老问题，一直是政府关注的焦点。改革开放以来，文登农村养老经历了从“家庭养老”走向“社会养老”的变迁，并发展了多种养老新模式。以小见大地反映出中国改革开放四十年农村养老的变化。

一、家庭养老——当今农村养老主要形式

家庭是社会基本单元，抚养与赡养既是家庭基本功能，又是家庭资源和财富的代际转移。自古以来，中国的养老模式就以家庭养老为主。如儿女每月出钱出力资助经济状况不佳的父母，父母死亡后则将住房留给儿女继承，即“养儿防老、房产继承”，是人类社会几千年来一直流传，直到时下仍很普遍的传统养老模式。

从某些角度来看，家庭养老是农村养老的必然选择。父母为养育儿女不惜一切代价，要尽最大的可能将儿女培养为对社会有用的人才；儿女成年后，又凭借其拥有的知识技能等，最大限度地提升自己的社会地位和价值，为父母积累足够的养老资金，供其晚年用于养老。父母临终时再将全部家产遗留给儿女，老一代家庭消失，新一代家庭在上代家庭涅槃的基础上重新形成，整个人类社会正由此而连绵不断、持续永恒。这也符合人们的传统习惯和社会习俗，有益于父母子女间的情感维系。家庭资源的优化配置与财富代际传递等，自然而然发生，不会出现任何人为扭曲。抚养子女与赡养老人，在家庭内部得到最好的对立统一，父母与子女两代人之间的利益关系和权责机制，得到最好的协调与均衡。

养老不仅是物质钱财的资助与给付，还是日常生活无微不至的关照和体贴，更是来自儿女的关切和呵护，三者紧密联系、难以分割，勉强分割后其效果也难以为继。三者的满足以家庭养老来得最为率真，最能让父母接受，子女安心。在这之中，由于父母子女之间伦理情感因素的主导作用，使得家庭养老不必受到商品和金钱因素的过多干预，财富代际传递和抚养赡养往来中的吃亏占便宜，大家不会去刻意算账，至少是不必将它算得很清楚。家庭实体一代联结一代永远延续下去，家庭财富

也是一代代传递继承下去。但这些都是最理想的状态，家庭养老过于依赖亲人间的情感和道德，一旦子女不孝，父母的老年生活立马失去了保障，这样的例子在农村也屡见不鲜。

在改革开放初期，农村养老问题是个十分沉重的话题。村里许多老人晚年过得很不幸。有的疾病缠身，无钱治疗；有的孤苦一生、老无所依；有的被儿子打骂、遭受虐待。在那个贫穷落后的年代，老人们带着对人世间的不舍，含恨悲惨地死去。就算到了现在，农村虐待老人事件也时有发生。

笔者身边就有这样的例子，家乡的一位孙奶奶，大约有六十多岁，看上去比实际年龄显得还要苍老。她共生养两个儿子，两个女儿，老伴已去世多年。儿女均已成家，承包地和宅基地、房屋均分给了两个儿子，老人自己住在低矮透风的老屋中，冬天挡不住寒风，夏日遮不住阴雨，居住条件十分恶劣。两个儿子每年只给老人很少的杂粮，平常没有任何探望。她一年四季就几件衣服，补丁越来越多，每天唉声叹气、步履蹒跚地在村边游荡。在寒冷的冬天，为了烧炕取暖，她要拖着衰老的身体去山上捡柴搂草，冻得瑟瑟发抖；由于自己没有地，为了每天的温饱，她只能在房前屋后种点菜，或者采一些野菜或蘑菇，捡一些别人田地不要的蔬菜。邻居们可怜她，经常会送一些吃的和用的，虽然大家也不富裕，但会经常周济她。早些年，村里像孙奶奶这样的老人不少。人们的观念十分落后，指着多生儿子，养儿防老，但现实是子女打骂、遗弃老人、虐待老人事件时有发生。老人们对于晚辈不孝顺的问题，早已习以为常，连村中德高望重的长辈、村委会都普遍认为，老人受儿子、儿媳的脾气是别人的家务事儿，外人不便插手。所以，多数老人的晚年生活无法得到保障。

另一方面，持续不断的乡城人口流动也极大动摇了农村家庭养老的社会基础，给农村老年家庭养老带来极大冲击。从土地依赖方面来看，我国现有超过 2.7 亿农民工，其中外出农民工接近 1.7 亿人。农村流动人口对土地的依赖性明显下降，接近 40% 的农村流动人口已经将土地流转出去。农民对土地依赖性的下降进一步提高了农民的流动性，从而给农村家庭养老带来了时间与空间上的冲击。同时，大量农村劳动力外出，极大破坏了传统农村联合家庭结构，导致农村家庭结构进一步小型化、核心化。越来越多的年轻人走出农村来到城市务工或者定居，由于子女不在身边，农村老人的生活照料不足，生病后的庞大药费支出、护理和营养费用等都是进城务工子女需要面对的沉重经济负担。计划生育和开放二胎的双重作用下出现了大量“422”家庭，原来由多个子女共同赡养一个老人变成少数子女赡养多位老人，子女养老养小的人均负担加重。农村人口向城市流动，破坏了农村传统家庭结构，增加了农村老人养老困境，也弱化了家庭养老的功能，加剧了农村人口老龄化程度。

二、社会养老——逐步发展完善

20 世纪 90 年代以来，我国人口年龄结构发生了前所未有的变化，老龄化加重，一系列社会问题凸显。由于特殊的生育政策，普通家庭越来越小型化、核心化，已经无力承担养老重担，因此，社会养老越来越受重视。作为社会养老方式之一的敬老院更是受到人们的追捧。

敬老院是为老年人养老提供服务的社会福利事业组织，又称养老院。西方国家的养老院通常由地方政府或慈善机构主办，接收靠福利救济或低收入的老人。中国的敬老院是在农村“五保户”的基础上发展起来的。1956 年农业合作化时期，农业生产合作社对缺乏劳动能力、生活没有依靠的鳏、寡、孤、独者，实行保吃、保穿、保烧、保医、保葬，简称“五保”。1958 年人民公社化时期，对“五保户”实行集中供养，在全国各地兴办了一批敬老院。

以往大家都排斥养老院，因为养老院里有太多的黑暗，不少地方曝出虐待老人、饭菜不好、住处差、老人无人照料等情况，而这些事件的曝光也让众人对养老院产生一种误解，认为养老院就是如此黑暗的地方。实际上，现在政府已经对养老院进行了整改，再加上经济条件的好转，养老院的条件也在逐渐提高。以前养老院违反规定是因为老人进去之后出不来，外人也进不去，谁也不了解里面的情况，而现在养老院发展成为透明式，无论是老人还是家属都可以随时来、随时离开。透明化不仅利于养老院发展，同时也利于老人养老。一旦有不合理的地方，就会被看出来，从而从根本上杜绝了“黑心”养老院的出现。

笔者的家庭就是“养老院养老”的受益者。姥姥刚刚去世后的二年间，姥爷和村里的很多老人一样，认为去养老院是件很丢人的事：明明自己有儿女，却要离开自己的老宅去养老院和别人同住是他不能接受的。姥爷共生养了一个儿子三个女儿，舅舅十年前因病去世，大姨在邻市定居，笔者家在本市，二姨住在邻村。姥爷基本不会做饭，不会洗衣服，女儿们离得又远，不能天天在身边照顾。好在姥爷身体还算硬朗，二姨每周去探望两三次。记得每个周末笔者和父母一起到姥爷家，母亲会把他所有的衣服从里到外洗一遍，把被褥拿到院子里晾晒，再备好两三天的菜，坚持到下次二姨去探望的时间。姥爷不会炒菜，看着他在大锅里撒盐蒸熟的茄子，我们既心疼又无奈。虽然，在农村日常生活上简单一些，但老人的精神状态不错，每天下午搬着小板凳去村大队门口和街坊邻居聊天。春节时，大姨为了尽孝心，会把姥爷接到家里照顾一段时间，但姥爷并不能适应城里的生活，再加上和姨夫脾气不投，过完年便着急着回乡下。这种状态持续了两年，直到有一天姥爷主动和母亲说要去养老院，并说起他最好的朋友去敬老院住了一段时间，回来和村里的老人们宣传敬老院的各种好处，姥爷便动了心。母亲召集家里姐妹商量后决定把姥爷送到镇上最近的养老院，住的是三人间，吃喝不愁，还给洗衣服洗澡，一个月 800 元的价格公道合理。最终，全家人选在姥爷生日那天，一起在镇上给姥爷祝寿，饭后送到了养老院。包括姥爷在内的每个人都很开心，妈妈和二姨更是如释重负。姥爷从此过上了衣食无忧，有人天天伺候的日子。虽然，母亲不必时刻担心姥爷自己是否吃得饱，穿得暖。但她心里还是有些愧疚，感觉如果自己经济条件再好些，请个保姆在家里照顾是最好的。

姥爷入住的养老院是镇上的公办养老院，分成东区和西区。东区免费提供给“五保户”居住，西区提供给像姥爷这样的付费成员（图 1、图 2）。这个敬老院刚建了新的公寓楼，三层小楼，占地很宽，边上有一大块菜地，种满了各种时令蔬菜。因为笔者想多了解一些情况，母亲带我去拜访了一位住在这里的“五保户”。他已入住近快两年，在村里是“五保户”，刚满 60 岁，第二天就来到敬老院。听他讲述敬老院会每月杀猪、鸡鸭换着吃、每月能吃两次鱼，一人半斤左右，总之每天都能吃到肉，菜也挺好，都快吃腻了。聊了一会，他看看时间，说要去切菜。我们不能理解，难道院里做饭也得老人自己处理？他告诉我们，他只是负责切菜，会得到每天 5 元钱的补助，和另一个人隔天轮流，同时还需要负责把做好的菜端上桌，厨师需要从外面请。另外，他也参与照料院里不能自理的老人（有好几位，他只负责照料其中一位），每日三餐将菜端到床前，也会得到 5 元补助，除此之外的事情是院里的护工负责。他告诉我们这些补助都不算什么，院里还会每个月给老人发 100 元零花钱。如今每天大部分的时间在乡镇到处走走，看看热闹，偶尔坐车回村里看看，晚年生活也算知足。

图 1　当地养老院大楼

图 2　当地养老院服务台

如今计划生育国策下的“422”家庭模式，使年轻人的生活压力不断加大，传统的家庭养老模式也不再适合当前社会的发展，越来越多的老人住进养老院。他们在这里能减轻孤独感，而且养老院成本也低，另外在养老院也更安全，大家相互照应。

近几年，国家逐年增加这些公共养老的投入，并探索各种养老方式。伴随着养老院数量的增加，养老院的服务质量和形式也有了新的转变，“医养结合”养老模式逐渐在各地兴起。将现代医疗服务与养老服务有效结合，打通养老机构与医院之间资源割裂的状态，形成双赢甚至多赢的局面，实现“有病治病、无病疗养”的养老保障模式创新。

党的十九大报告明确指出：“推进医养结合，加快老龄事业和产业发展。”国家出台了多项医养结合鼓励政策，各地也开展了形式多样的探索，但一些瓶颈问题制约了医养结合的发展。一是，医疗保障制度不健全，体现在医保定点不覆盖，长期医护险、长期护理险不健全等方面。二是，医养结合扶持力度不足，扶持政策无法切实落地。比如，土地性质变更困难等因素制约了部分医养结合企业发展。三是，人才缺乏，全科医生缺口较大，护理人员素质偏低、年龄偏大，另外，普遍反映医护人员待遇偏低。医养结合关键是把握好一个“合”字，形成体制机制、参与力量、科技支持等各种合力，并打造由专业护理团队、全科医生及医疗机构参与、专业运作的机制，提高医养结合养老的服务能力和水平，让老年人安享幸福晚年。

老人是看病最频繁的群体，患有高血压、糖尿病等慢性病的老人，14 天就得去医院开一次药。对于高龄、失能和半失能老人来说，去医院本身就困难，需要家属陪伴，而且老人往往患有多种疾病，需要在多个科室之间奔波。医养结合将全科医学科门诊“搬”到养老院，医生定期出诊，降低老人就医难度。通过和老人面对面进行望触叩听，用医院的诊疗系统，使医院所有诊间功能都能在养老院实现，费用与在医院一致，不同的是，医生的出诊地点变成了养老院。

医生开出检查单，养老院的护士采集标本并统一配送到医院；检验结果出来后，医生可以在养老院内进行结果查询、打印。服务过程中，实施先诊疗后付费模式，缴费和取药同样由养老院护士完成，最后送药到老人床边（图 3、图 4）。每周三早上 8 时，镇医院的医生会准时出现在诊室。养老院的入住老人平均年龄 85 岁，最大的 100 岁。完全能够自理的老人只占约 20%，其余为失能和半失能以及失智老人，均有多种疾病。

图 3　当地养老院药房

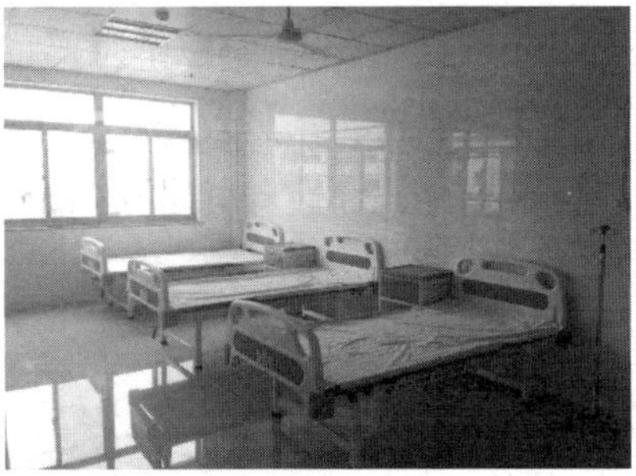
图 4　当地养老院病房

姥爷的邻床是位 80 岁的老爷爷，有 20 多年的高血压病史，肾脏不好，伴随睡眠不好等症状。以前去医院看病，得挂心脏科、肾科、神经内科，加上做检查，可能一天都要待在医院。年纪大了腿脚不利索，每次去医院都打怵。现在每半个月大夫来开一次高血压药，哪不舒服就直接看，也不用排长队，护士给拿药、交费，不用自己跑，方便极了。

探索实行“医养结合”的养老模式，即有病治病、无病疗养、医疗和养老相结合，其优势在于整合养老和医疗两方面的资源，实现社会资源利用最大化。在惠及老人的同时，也有助于促进养老机构和医疗机构的互利与双赢。

三、“居家养老”——探索新方向

在社会公共服务相对薄弱的情况下，“居家养老”服务是农村养老发展的现实选择。目前，居家养老主要是政府和社会力量依托村卫生室、敬老院等设施为村内低收入、高龄、独居、残疾、失能、失智、留守等特殊老人提供助餐、护理、家政等居家养老服务。特别是在当前新农保保障水平尚不能满足农民生活水平的条件下（新农保规定，若按最低标准每年缴纳 100 元，则 15 年后每月可以领取 73 元），农民眼中最容易接受的养老模式便是居家养老。

笔者调研的文登区 C 村是一个渔村，全村 1 000 多位村民中，60 岁以上的老人占了近一半。为了满足老人们在村里养老的需求，村里将部分闲置的集体房屋改造成养老服务中心，几乎免费为老人们提供养老服务。照料中心的工作人员大半是本村人，街坊邻居格外贴心。照料中心每天为老人们提供营养均衡的三餐，定期为老人们理发、洗衣服、做家务。对于腿脚不方便的老人，还可以提供送餐上门服务。除了生活上无微不至的照料，中心还为老人们配备了医务室、健身房、棋牌室、图书室、KTV 室、餐厅、宿舍等配套设施。闲暇之余，老人们可以在中心做按摩保养；为老人提供各类健身器材，老人可以在工作人员的看护下适当运动，保持健康的身体状态，使老年人老有所养，老有所依，享受幸福晚年生活。

这种养老服务中心已在文登区多个乡镇推广，帮助更多的农村老人安享晚年。“居家养老”无疑为文登区解决养老难题提供了一个新模式。近年来，文登区还不断完善“政府主导、社会参与、资源整合、联动共建”的养老服务机制，逐步建立起与区域人口需求相适应，与经济社会发展相协调的养老服务体系。目前，文登区共有敬老院 13 家，其中，公建公营 5 家、公建民营 6 家、民建民营 2 家，养老床位 8 500 张，每千名老年人拥有床位 49 张。区民政局对 8 家敬老院实施了社会化改革，通过创新运营模式、改变运营期限、加强运营监管等方式，有效减轻政府压力、显著提升敬老院运营效率，极大保障了五保对象的生活质量。同时鼓励养老机构参加星级评定，在已有 9 家养老机构参评的基础上，2017 年又有 11 家机构报名参加威海市养老服务业协会组织的星级评定，其中参评五星级 1 家，四星级 1 家，三星级 8 家，二星级 1 家。

然而，当前养老服务中心也面临一些困境。一是，资金不足，来源单一。目前养老服务中心主要依靠“政府财政补一块，村集体筹一块，社会公益帮一块”的形式筹措资金，开展以“日间照料 + 居家养老”为主体的农村养老服务，而这些资金只能为老年人提供基本的照顾，远远不能满足老年人高质量的服务需求；居民的参与率尚未达到预期效果。二是，居家养老推行形式单一。每个村庄的经济状态、农民收入以及养老意愿都不相同，需要多样化的形式来体现村庄的差异性。三是，居家养老服务人员的素质有待提高。在文登区，照料中心的工作人员大半是村里的年轻农妇，绝大部分工作人员没有接受过专业的服务培训，无法提供更精细化、专业化的服务。

四、农村养老保险——体系有待改进

在家庭养老、社会养老和居家养老等多种模式协作发展背景下，从社会可持续发展的角度来说，生活在广大农村的老人们和正在老去的农民们，正切身感受着养老状况的变化。他们都会想一个问题：“我们养老到底靠谁？子女是不是还靠得住？如果靠不住又该怎么办？自己的积蓄能不能坚持到寿终正寝的那一天？即使经济上没问题，谁可以来照顾自己？”

如今农村老人依靠子女养老的经济社会基础正在发生变化，且变化快速猛烈，大量青壮年劳动力外出务工，很多老人孤独留守农村；农村家庭规模不断缩小，多个子女照顾老人的情况已不多见，子女养老负担加重；农村老人越来越多，预计 2020 年我国 60 岁以上的老年人口将达 2.48 亿，其中 70% 是农民。农民养老还要从最现实的钱的问题说起。首先，经济不宽裕，甚至贫穷依然是相当数量农村老人面临的主要问题。首先，从代际传递来看，农民养老要靠农村产业的发展。农村产业发展好，农民收入水涨船高。对于年轻农民来说，他们就有更大的能力为家中老人付出，也能为自己将来养老奠定良好的物质基础。对于农村老人来说，不存在退休问题，他们从事力所能及的工作，就能得到一份维持生活的收入。对于村集体来说，给予农民养老的补助就能多一些。其次，从社会责任来看，农民养老要靠来自政府的帮扶。全力为农村老人提供帮扶，既是政府义不容辞的职责，也是拷问政府执政能力的重要标尺。第三，从社会发展来看，农民养老要靠不断成熟的、逐渐缩小城乡差距的社保制度。积极发挥新农保的基础保障作用。尽管当前农民从新农保得到的收益还不高，可毕竟是一笔稳定的可持续的现金收入。

改革开放以来，国家层面一直为养老问题出谋划策，陆续出台一系列养老保障政策，尤其关注农村养老问题。在农村实行养老金制度，让60岁以上农民领取到农村养老金，晚年有了真正的生活保障。新型农村社会养老保险（简称新农保）是以保障农村居民年老时的基本生活为目的，建立个人缴费、集体补助、政府补贴相结合的筹资模式，养老待遇由社会统筹与个人账户相结合，与家庭养老、土地保障、社会救助等其他社会保障政策措施相配套，由政府组织实施的一项社会养老保险制度，是国家社会保险体系的重要组成部分。保险对象为农村户口的农村人口。凡本地区内未参加机关事业单位养老保险、企业职业基本养老保险和被征地农民养老保险的年龄在16周岁（在校生除外）以上，男未满60周岁、女未满55周岁，具有本区户籍的农村居民（包括非职工的城镇居民）均为参保对象。男60、女55周岁以上的老年人员可直接享受老年补贴。国务院关于开展新型农村社会养老保险试点的指导意见规定：新农保基金由个人缴费、集体补助、政府补贴构成。参加新农保的农村居民应当按规定缴纳养老保险费。缴费标准目前设为每年100元、200元、300元、400元、500元5个档次，地方可以根据实际情况增设缴费档次。参保人自主选择档次缴费，多缴多得。有条件的村集体应当对参保人缴费给予补助，补助标准由村民委员会召开村民会议民主确定。鼓励其他经济组织、社会公益组织、个人为参保人缴费提供资助。

政府对符合领取条件的参保人全额支付新农保基础养老金，其中中央财政对中西部地区按中央确定的基础养老金标准给予全额补助，对东部地区给予50%的补助。地方政府应当对参保人缴费给予补贴，补贴标准不低于每人每年30元；对选择较高档次标准缴费的，可给予适当鼓励，具体标准和办法由省（自治区、直辖市）人民政府确定。对农村重度残疾人等缴费困难群体，地方政府为其代缴部分或全部最低标准的养老金保险费。国家为每个新农保参保人建立终身记录的养老保险个人账户。个人缴费，集体补助及其他经济组织、社会公益组织、个人对参保人缴费的资助，地方政府对参保人的缴费补助，全部记入个人账户。养老金待遇由基础养老金和个人账户养老金组成，支付终身。中央确定的基础养老金标准为每人每月55元。地方政府可以根据实际情况提高基础养老金标准，对于长期缴费的农村居民，可适当加发基础养老金，提高和加发部分的资金由地方政府支出。个人账户养老金的月计发标准为个人账户全部储蓄额除以 139。年满 60 周岁、未享受城镇职工基本养老保险待遇的农村有户籍的老年人，可以按月领取养老金。

新农保制度实施时，已满 60 周岁、未享受城镇职工基本养老保险待遇的，不用缴费，可以按月领取基本养老金，但其符合参保条件的子女应当参保缴费；距领取年龄不足 15 年的，应当按年缴费，也允许补缴，累计缴费不超过 15 年；距领取年龄超过 15 年的，应按年缴费，累计缴费不少于 15 年。新农保是继取消农业税、农业直补、新型农村合作医疗等政策之后的又一项重大惠农政策，也是一项惠及面最广的社会保障制度。新农保的建立，对于确保农村居民基本生活、推动农村减贫和逐步缩小城乡差距、维护农村社会稳定、促进消费拉动内需及改善心理预期确实意义重大。但在制度设计中也存在许多不足之处，有待完善。

从政策内容可以看出新农保制度惠及百姓的力度与决心。但实际缴纳新农保的人数却不多。那为什么农民不愿意缴纳新农保呢？笔者认为：第一，大部分人认为自己年龄大了，现在缴纳并不划算。按照规定，新农保需要连续缴纳满 15 年，而一些年龄大的农民，比如将近 60 岁的农民，如果他们也要缴纳新农保的话，那么，需要到 75 岁才能领取养老金，所以，有不少老人觉得并不划算。第二，不少人担心资金不安全，认为不如放在银行。多数农民没有保险意识的，很多老人认为交养老金不如把钱放在银行踏实。第三，更有部分人没钱交新农保。新农保分很多缴费档次，每年最低 100 元，最高 500 元，农民可以根据需要选择不同的缴费档次。交的多，15 年后每个月的养老金就多一些；交的少，15 年后每个月的养老金就少一些。即便如此，不少农民还是没有钱缴纳新农保。因此，基于以上几方面考虑，尽管大多数农民都知道新农保政策，但还是很少有人缴纳。

五、相关建议

（一）进一步完善农村新型居家养老模式

1. 扩宽融资渠道，形成多元发展机制

当前的养老设施和养老服务很难满足老年人高质量生活需求，为使居家养老得到良性和可持续的发展，应扩宽养老服务的融资渠道，形成

多元发展机制，构建政府、企业、公益组织和个人的合作机制。如北京已有社区开办爱老家园，委托养老服务公司经营等。公益性和经营性居家养老服务相互补充、相互促进、协调发展。同时，政府要制定相关的政策法规，规范和引导相关主体的行为。

2. 试点推行，防止“一刀切”

作为农村新的养老模式，农民一开始可能存在疑虑，政府可以选择典型村庄进行试点，让农民实实在在地看到居家养老新模式的益处，特别在农村的熟人社会，通过口碑相传，可以有效地形成示范效应。由于村庄之间发展程度存在差异，在推行居家养老模式时，要充分考虑到村庄的异质性，因地制宜，防止“一刀切”情况。

3. 加强对服务人员的培训

推动养老服务内容精细化，形式多样化，需要专业的队伍。不仅为老人提供吃、穿、住等方面的服务和照料，还应与医疗相结合，注重养老团队医疗知识的培训，培养出既会照顾老人又能提供医疗服务的医养结合型专业人才。一方面，要从大中专院校吸引专业的高素质人才；另一方面，要对农村服务人员进行定期培训。

（二）提高新农保保障力度

1. 结合农村养老面临的实际情况，加强宣传力度

一方面，向子女宣传家庭仍是赡养老年人的主体，子女在物质和经济上为父母提供必要的生活条件。儿子和子女都有义务赡养父母。作为赡养人，应当履行对老年人经济上的供养、生活上的照料和精神上慰藉的义务，照顾老年人的特殊需要。另一方面，鼓励农民尽早开始参保，并选择较高的缴费档次长期缴费。让农民清楚了解早参保、早补贴、多受益的好处。落实好“多缴多补”的激励政策，兼顾公平，应设置最高补贴限额；落实好“长缴多补”的激励政策，并适时提高“多补”的标准。

2. 继续强化家庭养老、土地保障和社会救济的作用

首先，应鼓励农民按照依法、自愿、有偿的原则合理流转集体土地，土地流转金可以用来缴纳养老保险费，也可以直接用于养老。其次，在推进新农保实现养老社会化的同时，不能忽略家庭保障和家庭养老文化建设。再次，对于农村老年贫困群体，应发挥农村低保、五保供应等社会救助的精准性作用。

食、货与乡村之易：零售业窥视下的村庄变迁

——山西省运城市盐湖区东纽村

马　烈*

加快农村吃穿用住行等一般消费提质扩容，鼓励和引导农村居民增加交通通信、文化娱乐、汽车等消费。推动电子商务向广大农村地区延伸覆盖，畅通城乡双向联动销售渠道，促进线下产业发展平台和线上电商交易平台结合，鼓励和支持消费新业态新模式向农村市场拓展。推动具备条件的乡镇将商贸物流与休闲农业、乡村旅游、产品加工等有机结合。

——2018 年《中共中央 国务院关于完善促进消费体制机制进一步激发居民消费潜力的若干意见》

暑期之际，结束烟台十多天的学习便匆匆忙忙返回北京，未有多休整，第二天便坐高铁急忙返回家乡。出京之后，一路上窗外绿油油，途经一片阡陌相通且格外显得平整漂亮的湿地，联想起古籍上关于河北地区自然环境的记载，不禁感慨社会变迁与人类活动的强大，“沧海桑田”之感油然而生。随着窗外地形由平原变为山地又变为谷地，最后变为盆地，不禁再次由衷感慨祖国河山的壮丽，自己也意识到回到了家乡——位于晋南的东纽村。

* 马烈（1989—），男，山西运城人，中国农业大学 2017 级博士研究生。

一、村况介绍

我们村子位于山西南部，行政区划为运城市盐湖区（图 1），历史上的运城十分显赫，为“两京三河”中的河东[①]，是华夏文明的发祥地，有与华夏同岁的盐池，盐湖区也因以而得名。管辖我们村的陶村镇，镇子上有个陶朱公墓，相传是范蠡隐退之后到此地带领当地老百姓制陶致富，后为纪念其而命名，至今仍保留有康熙年间留下的陶朱公墓的碑刻。历史上曾经辉煌的制造业并没有给这个地区留下不一样的遗产，整个镇上当前仍是以农业生产为主，包括我们村子，主要种植有冬枣、桃子等其他经济林作物，也是村民的重要农业收入来源，或是因为价格太低的缘故，粮食作物的种植却较为稀少，且主要以小麦、玉米为主。

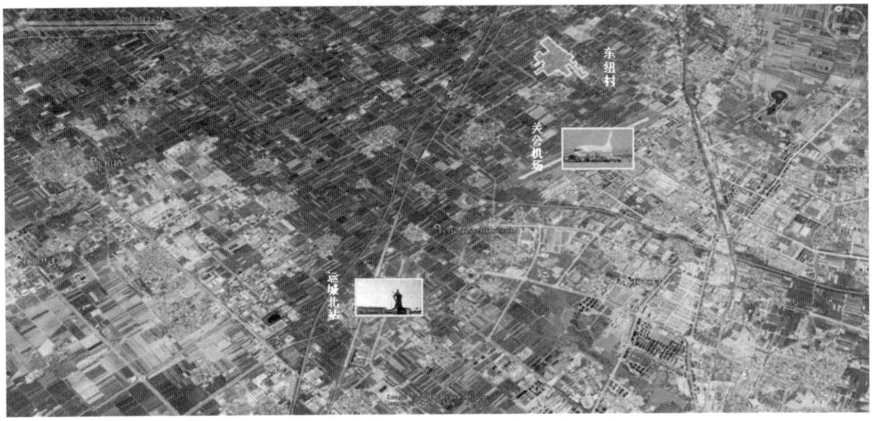

图 1　东纽村区位图（来源于谷歌地图）

相传舜帝葬于鸣条岗，我们村就坐落于鸣条岗之上，整体地势北高南低，地形“千沟万壑”，属于典型的黄土高原地貌，气候属温带季风气候，现占有土地面积约 5 000 亩，人口 2 000 多口，约 600 户，共 5 个居民组。据村里年龄较大的老人讲这个地方以前是纽姓家族的聚居地，后可能经历光绪三年的大饥荒，受到其较大的影响，人口开始迁徙到别的地方，现今的村民多是从别处迁居而来，当前村里的姓氏也较

① “两京三河”是对于历史上华夏核心区的一种说法，两京指的是长安和洛阳，三河指的是河东、河南、河内，河东主要为包括今临汾与运城的晋南地区、河南主要指以洛阳为中心的豫西地区、河内主要有黄河以北的今焦作地区。

杂，又因其居纽氏聚集地之东，故而名东纽。听老人们讲村里以前还有一个石马坟，有石马、石羊等许多石塑，我想这一定是哪个达官显赫的墓地，村南的庙前还有一株五六个人都抱不住的大柏树，村里各处还分布有稷王庙、关帝庙等庙宇，后多毁于抗战或“文化大革命”，我见过的只有作为棋盘或者建材之用，刻有“皇明”或者“皇清”的碑刻。

村四周，北面有80年代开始动工的引黄灌溉工程，据说当年修建引黄站时，挖出了许多的古墓，包括许多汉墓，有些建造得十分精美，令人叹为观止。现今每年的天旱之时，引黄工程有效缓解了村里的旱情，并且相较我们村里自己打的灌溉井，其灌溉价格低得多。南面有21世纪初复建的飞机场，该机场于20世纪40年代就已建成，当时为日本人所建，说是为了给进攻西安做准备，新中国成立后直到20世纪70年代该机场仍在发挥作用[①]，后运城市政府向上级报批重修机场，2005年正式通航。尽管这对村民外出带来的影响不大，但是因空港而发展起来的经济开发区还是给村民的日常生活产生了较大的影响。东面是陶村与半坡村，陶村也就是镇政府的所在地，半坡村以前设有火车站，现今变为了一个普通的村庄。西面就是西纽村，这也是纽姓家族在这片土地上的另一个印记。我们距离运城市区约有10公里，相对来说也不算远，交通也是十分便利。

二、零售商业经营与乡村变迁

可以看出我们村子人类活动的遗迹甚为久远，据此推断其亦有较长的建制时间，但目前可描述的村史在可参考范围内只能够上溯到清代，再往前就难寻记忆。与中国多数其他农村一样，我们村完完全全历经共和国的农村建设史，包括土地改革、“大跃进”、三年困难时期、“文化大革命”、粉碎“四人帮”、改革开放、城镇化等，丰富完整的历史经历，也使之成为反映晋南地区农村变迁的一个活化石。

社会变迁是复杂的，涉及了人类社会发展的方方面面，即使对于最为基础的农村，要对之进行全面的描述也将会是一个较大的工程。难寻头绪之际，不禁想到了商业是沟通社会各个环节的一个重要层面，具

① 曾设有空军基地，有空军驻扎。

而言之，与农民日常生活息息相关的“农村商店”也无不是反应农村变化的一个缩影。结合此次调研成果加上自己亲身的经历，本文试图根据农村零售商店各时段经营特征的变化将乡村零售商业的发展分为四个阶段，以其各个阶段的变化折射出社会发展对农村的影响、农村人口结构的变化、乡村的城镇化建设、农民收入生活的变化，以期最终从农村零售商业的“窗口”窥视新中国成立以来中国农村的变迁。

（一）计划经济时代的乡村零售与乡村

计划经济最突出的特点就是对整个社会“统购统销”，应对到农村的零售商业也就是“代销点”，该阶段全村只有一个代销点，通过走访我们村的相关人员，我进一步了解到当时村里“代销点”的一些具体情况。当时的代销点位于村委会的旁边，占有五间房，但营业面积只有约30平方米，对于现在确实不算大，但是在那个商品短缺的年代也算是占有不小面积。

在访谈中了解到当时的供货渠道就是从镇子上的供销社购买的，所售商品也是十分单一，基本上就是食盐、白糖、酱油、醋、铅笔、本、橡皮等最为简单且农民必需的商品，但需要注意的是还售有布匹，这倒是现在农村商店完全没有的，不过另一方面也反映了整个农村居民在这一时期流动性非常小，全部生活用品基本上都可以在村子里购买，人们完全在本村从事单一的农业。另外，除部分商品外，如上面所说的布匹，还有红糖等是凭票供应外，大部分商品还是可以自由买的。此外，村民卫大爷说道：“那会代销点里的售货员都是在村里有一定地位的人来干的，也不是说谁想干就能干的”，我想这也是计划经济时代卖方市场的重要体现之一吧。

这一时期购买群体较为单一，完全是本村的农民，几乎少有外来人员，对于当时购买群体唯一的变动，就是本村村民因外出务工转为非农业人员的流动。当时村里较有文化的村民许多都进入市里的一些单位，如银行、铁路、供销社等，还有一位在“大跃进”时期被招工进入太原钢铁厂，成为了一名炼钢工人。但也有因为某些原因先外出务工后返回农村的，如有一位原先在大连机械厂工作的老人，据说当年也是一位工程师。此外，也有通过另外两条计划经济时代最常见的“农转非”途径走出农村的，就是考上大学或参军来改变农民的身份。据了解，我们村当年通过读书改变农民身份的现在有在大庆油田工作、在市里当老师、在区工商局当领导的等，通过当兵出去的现在有在中铁十二局、煤炭运输公司工作的等。

由于特殊的时代环境，这一时期农民收入普遍都较少，农民的主要收入来源就是生产队组织的农业生产。当时，家庭富裕的程度主要看劳动力占家庭总人口的比例，有些家庭因为劳动力人口较少，总人口较多，一年到头来，不仅没有结余的收入，反倒欠了生产队一些钱，这样即使在凭票供应的经济体制下也不会形成较强购买力；相反，有些家庭劳动力较多，而纯消费人口较少，一年到头来就会有一些结余。调查的过程中有较富裕的一户，其年末在当时的物价下领到了 200 多块钱，当时在村里都引起了不小的轰动。

除了在生产队从事农业生产外，后来随着国家对小部分市场的放开，村民也开始将自己家养的鸡蛋或养的猪拿到市场上去卖，以换取些油、盐、酱、醋或学生学习用具等其他日常生活用品。值得一提的是大约 1975 年后，我们村形成了利用空闲时间编草帽辫的风气。现在人们回忆起当时的情景，好像任何时候只要有空闲时间，村民手里都拿着编草帽的麦秆，或在下雨的时候、或在看电影的时候、或在串门的时候。村里的学校也因此创办了自己的校办工厂加工草帽，许多孩子也加入了这个额外创收行业，编好后拿到镇子上去卖，编得又快又好的一天大概能赚 1 元钱，所得可以在镇子上或者村里换一些麻花或者火烧等零食。最终，这波风气在 1980 年集体化结束后，也销声匿迹了。

整体来讲，在计划经济特殊的时代背景下，普通村民的生活质量基本上都不富裕，如在走访过程中询问的一位老大爷所言："那会哪像你们现在吃的用的这么多，一家人年底分几斤油，还舍不得吃，炒菜时都是用铜钱在油罐里沾一下滴上几滴"。虽然物资短缺，但人们每天过得还是比较开心，"压力不像现在社会这么大"，大爷补充道。

（二）改革开放后到 21 世纪初的乡村零售与乡村

改革开放以后，我国由计划经济逐步向市场经济过度，市场逐步活跃起来，农村的零售业摆脱了单一的"代销点"，出现了村民自己开办的"小卖店"。我们村这一时期的第一个"小卖店"也开在村委会的附近，与原"代销点"也不过 20 米。集体的"代销点"与私有的"小卖店”在20世纪80年代也曾共存过一段时间，这也是当时国家经济转型所提的“双轨制”在农村的一个反应，没过几年，“代销点”逐步彻底淹没在历史的长河。

这一时期的小卖店所售的商品逐步呈现多样化，零售点之间也曾经历了“优胜劣汰”。最早经营“小卖店”，并与“代销点”分庭抗礼的那一家经营者，其所经营的商品与“代销点”差距并不大，所售的基本还是酱油、醋、食盐、卷烟等基本的生活用品以及最为简单的学习用具，高档一些就是晋南人喜欢吃的点心、煮饼而已。后来到90年代，村里一些较为灵活的年轻人也开始经营“小卖店”，这一时期所售的产品就丰富起来，出现了娃哈哈、火腿肠、方便面、泡泡糖、多种糖果、虾条、薯片等膨化食品以及价格便宜的冰棍等，还有专门为小朋友打造的价格低廉、种类丰富的“小吃”。虽然人们可消费的商品种类大大增加了，但可能由于消费水平较低的缘故，遇逢大事时人情之间的往来还是比较简单，如张大叔说道：“那会谁给谁帮忙，人们之间的答谢靠请客吃包点心或吃盒煮饼就可以解决”。此外，供货渠道也出现多样化了，有在镇子上的批发部、或者别的通衢大村的批发部、或者专门以批发为主的禹都市场、或者市区里的门面，据当年的一位经营者所言：“这些里面价格最低的要属禹都市场了，但也有些东西市区里面的价格要相对较低些”。较低的进货价格当然会带来相对较高的利润，也增强了一些经营者的市场竞争力，村里前后陆续共出现过8家“小卖店”，后来稳定下来也就剩下3家，基本上都分布在村里比较富裕的居民组。此外，为了方便进货，经营较好的一家率先将自行车换成了那时还是绝对稀罕物的摩托车。

购买群体在这时不单纯是本村村民，如村里的引黄工程在建设时曾出现过大量的建筑工人，短时期内构成了村里新的消费群体。还有村里居民隔三差五建新房所雇佣附近村子或临县的工程队。较为稳定的外来群体，基本上就是村里承包给个人的砖厂的工人，这些工人大部分来自山东、河南，基本上工作一年，到过年的时候就会回家，过完年再来。往往这些工人本身的变化也比较大，由于他们的工资并不是定期结算，所以经常赊账，可能因其流动性较大，常常会出现欠账收不回来的情况，后来为了解决这一问题，零售店的经营者就直接与砖厂的经营者联系，在年底结算工资时，直接扣除工人在店里的欠款。村里往外流动的人口这一时期不是很多，有些是接父辈在外面的班而出去的，还有一些在外包工程、做生意。另外，就是出现了两个大学生，一个考入太原理工大学，还有一个考入南开大学，这当时在我们村子及附近的几个村子都是轰动一时的新闻。

这一阶段村里的道路多以土路为主，人们出行也主要靠步行或者自行车，摩托车也是稍晚才开始普及的，加上附近各个村庄的整体发展水平都差不多，所以本村以外的市场对村内零售的影响还是较小的，零售商的竞争最主要是本村同行间的竞争。除此之外，稍有影响的就是镇子上以及附近较大村子定期出现的集市，偶尔走街串巷的小商贩。由于同村竞争激烈，最后剩下来的那3家，从业也都较早，所谓“以贫致富，农不如工，工不如商”，加上经营时间较久，积厘成分，积分成元，这三家后来的收入应该还是可以的，都盖起了新房，在当时的村里基本上也就算是富裕户了。相比较而言，村里其他居民大部分的收入还是单一的靠种地，收入也就不那么好了。

（三）21世纪前十三年的乡村零售与乡村

随着社会主义市场经济的进一步发展，原本较为闭塞的农村，也逐步发生了较大的变化。农民从以前单纯地追求温饱、满足于相对低水平的生活、注重邻里间的互助，变为把追求财富作为日常劳动的主要动力。最为明显直接的变化就是以前邻里之间无偿的互帮互助，包括农忙时的相互帮助、平日里的工具互借，甚至临时委托邻居照顾孩子饮食上学的事情也常有出现，而后来随着市场经济的逐步深入，“报酬第一论”成为村民主流的意识，村里也出现了一些较为固定的群体，在农忙时给别人打短工，并按晌获取相应收入，人与人之间的关系更为明晰，也更加货币化。

此时，鉴于先前村里零售经营者的示范效应，赚钱获利相对轻松，而且又不用出户，又有几个年轻人加入到了零售行业，村里的零售点又增加至6家，这也使得21世纪初的那几年村内的竞争又趋于激烈化。与前一阶段不同的是，这一时期零售商们开始实行价格战，在各种商品的价格上制定了比竞争对手更低的价格，以期赢得村里的市场。整体来讲，这一时期的利润都比较低，如走访了当年的一家经营者说道：“那时候生意是最不好做的，由于其他店的竞争，为了多拉拢顾客不得不一再拉低价格，利润收入实在是少得可怜”。低利润也促使个别的经营者进行转型，恰逢村里修建新的村委会，这时村里的小学已经撤销，而当年村里小学的基建稍微好些，也就把原来的小学改建成新的村委会。由于村里的小学位置处于村的西边，是非中心位置，也没有人愿意过去，但此处有个好处就是土地相对宽松，当时村里给出的政策就是可以自由盖，盖下房子就可以以宅基地的性质使用，后来勉强有两家过去了，其中一家就是以前在村东边开商店的那一家。此家迁过去以后扩大了经营面积，加上多年积累的经营经验，生意渐渐有了较大的起色，经营额远远超过了其他家。

村南边空港经济开发区也在这时建起来了，开发区的建立必然会有商业区的出现，加上我们村又临近机场，各种电动车又开始普及，甚至后来汽车也在各家各户常见起来，外加村里道路硬化，农民出行较以前方便多了，所以这时来自空港商业的竞争还是不小的，特别是农闲之时、或者在田里劳作一天后人们会开着电动车或者开着汽车去空港放松一下，消费一番。为了应对村内以及空港竞争的压力，加上自身也具备了相应的硬件条件，这时商店的商品种类彻底丰富起来了，各种散称零食、种类异常丰富的调料、海带紫菜等干菜、礼品装的各种食品、种类丰富的烟酒饮料、部分体育用品、日常贴身的内衣袜子、劳保手套鞋子、还有化妆品以及五金电工等琳琅满目，应接不暇。让我感触最深的就是馒头的“市场化”，馒头是我们晋南地区的主食，每日必食，以前都是自己家做，到这一阶段买馒头成为了一种主要的生活方式，但一些年龄较大的村民还是固守以前的生活方式，坚持自己做馒头，“现在的年轻人真是会享福，馒头都不用蒸了，每天买就可以”，走访过程中刘奶奶说道。殊不知这是市场分工的结果，社会整体生产效率提高了，也反映出我们村融入了整个社会的经济大环境。

此时，进货与售货方式都发生了较大的变化。以前由经营者去城里或者其他批发商处直接进货的经营方式也发生了彻底的改变，绝大多数的货物，批发商会直接派车送到店门口，这也是这一时期经营产品丰富的重要保障。还有就是以前传统的柜台式的经营基本上都变为超市自选的经营方式，这也是农村零售出现的具有重大意义的变革，一方面反映了市场的需求与偏好更加丰富，另一方面也方便了零售商实现较大规模经营。

至于购买群体的变化，这时就更为明显，这主要由于村里人口的流动性更强。首先，这一时期村里一些青壮年劳力基本上都不再务农了，年轻人或外出务工或就近到空港的工厂工作，这也使得商店面对的消费群体出现了类似于“候鸟迁徙”的季节性特征；其次，村里的外来人员基本上也就是村里各种工程队，有给村里修路的、有盖戏台的、有建大棚的、有给农民建民居的，需要说明的是这一时期村里的砖厂出于环保的目的也关门了，常住的大群外来人口消失了，但有个别在本地打工的外地人会暂时租住在我们村，有的甚至因为待得时间久了，孩子的口音也变成了我们本地的；再次，由于村民越发重视教育，都开始把孩子送往教育条件更好的城里或其他地方，村里的学校也因学生太少而裁撤，学生的变化也使得购买群体出现了“周末性”与“假期性”特征；最后，学生考大学变为一种常见的新闻，这也影响到了购买群体的变化，每年我们都有不少的学生考上大学，而且读研究生也不是什么稀罕的事了，其中较好的有考入复旦大学或清华大学的。

对于购买能力，村民收入趋向于多元化，不再局限于农业，如上所述较多的人口都经常性的外出务工。对于农业收入，粮食种植主要就是小麦和玉米，其种植方式基本上是二者轮作，所得政府的种粮补贴一年基本上也就是一亩 160 元。在调研的过程中村民普遍反映种粮不赚钱，但是有一大规模经营的种植户，其种植面积在百亩以上，同时也饲养有猪、羊，据其介绍：“种地也要有技巧，每年我按时种粮，肥料就用猪、羊粪便，这样可以省去一大笔开支，加上政府对每亩的种粮补贴，一年下来也有大几万的收入”。由于种粮收入较低，所以经济林就成了村民最主要的农业经营收入，但是近几年其价格却不太稳定，桃子和枣最差时只能卖到几毛钱一斤，据村民介绍：“光景不好时，一亩地的收入不过 2 000 元”。同时，村民的总体开支在这一时期也开始增加了，包括日常生活开销、人情间的往来、孩子的教育支出等，得益于我们村的地理位置，村民们农闲时多可以在空港或者附近的工业园有一份暂时的工作，近几年月收入基本也能保持 2 000 左右。此外，养老保险的普及使得村里多数老人手上有了一些完全自己支配的资金，村里的一位张大爷说道：“现在国家给我们老人一个月定期发放养老金，我们就要用来改善我们的生活，儿女总有操不完的心”，较之从前，老人们的消费也开始增加了。

（四）近五年的乡村零售与乡村

由于本村同行间相互的竞争，还有空港商业的发展以及镇子上零售业的竞争，“红极一时”的农村零售业在多次变动中又剩下了3家，村西一家较大的，村东还有两家，其余都停业了。虽说经营方式也存在一定的技巧，但更主要的是相互间的竞争使得利润率下降，而对于个别商家其家庭各项开支又较大，不得不同时兼顾其他行业，而零售业又是一个需要长时间待营的行业，如若经常性的暂停营业使得村民白跑的次数增多，时间一久村民就会形成预期，此后便会考虑去一家较为稳妥的商店买东西，而顾客的减少自然会造成销货量的下降，过期的东西或久置的商品就会出现，如此会降低自己的信誉，逐步形成了恶性循环，导致最后停止营业的结果。

近几年，供货方式及所售商品的选择也出现了一些新的变化。由于国家经济结构的调整以及经济增速的下降，中国经济面临一个短暂的调整期，整体经济形势较为低迷，同样这也影响到了整个社会消费，各个行业供货商之间的竞争也是越来越激烈。由于整个市场消费的变化，市场供货商的生存压力也开始增大，而农民近几年收入的改善使得农村具有了一定的消费潜力，开发占领农村市场成为他们新的经营战略。以前有些只重视城市市场的经销商，也开始派车往农村零售点送货，包括种类更丰富的饮食调料、干菜等，有些甚至从来没有见过，而且其价格也较以前更低，这可能就是市场竞争给农民带来的好处吧。由于供货商增加，零售商为了获得与其谈判更多的筹码，农村的零售商也往往与多家保持有供销关系，以便在双方博弈中获得利益最大化。对于所售货物的选择，较为明显的变化就是价格的高低不再是影响销售的障碍了，“只要质量好，销售就不是问题”，在调研过程中，一位零售商说到，“以火锅料为例，售价12元一袋的海底捞火锅料，其销售量远远超过其他品牌价格较低如4、5块钱的火锅料。对于儿童食品，较为高档的各种巧克力，如德芙、健达、士力架等也变成了我们现在的必备商品”。总之，在调研的过程中可以明显感到村民的消费水平大大提高，甚至也可以说已经不亚于城市的消费水平，这也反映出了我国的“城乡二元结构”正在发生明显的变化。

对于消费群体及其消费量的变化，首先，就消费群体而言，整体上这一时期与前一阶段没有太明显的差别，稍有不同的是本村外出务工成了一种更大范围的常见现象，学生（包括小学、初高中、大学生等）在节假日回家更加规律了。对于外来人口，主要还是以前每年来村里收购农产品的外地客商，其余的基本上没有。其次，对于销售量的变化，据调研过程中零售点的经营者言："这几年生意都不好干，村民的冬枣价格不高，村民消费不像以前那么旺盛了"。这可能也是受整体经济环境的影响，冬枣、桃子等农产品卖不出好价钱，导致收入的减少，消费能力有所下降。村民张大叔说道："这几年农业的收入不如前几年，以前靠冬枣、桃子每年都可以有较为不错的收入，但是近年来各种农产品的价格都是比较低的，开季的高价也只有两三块钱，有些时候到头来甚至是赔本的"，"不过，以前的一些不好现象现在都变了，过几年肯定会好起来，这届领导真是给老百姓干了不少实事，替老百姓讲话，未来肯定会替老百姓解决好问题的"，张大叔又补充说道，2017 年村里受了雹灾，老百姓收入受到了不少影响，区政府知道后，立马派遣相关部门发放了农资补贴村民，减少了农民损失。

除了村里同行的竞争，目前也出现了其他两种新的竞争对手，一个是电商，另一个是村里的早市。对于现在的市场竞争，电商影响到了方方面面，可以说电商是各个行业的一个潜在或已经存在的新对手。调研过程中零售商也对电商表现出了一定的忧虑，"现在年轻人都喜欢网购，什么都在网上买"，一位零售商如是说道。但走访中我也确实发现，网购还是多集中在村里的年轻人里面，其网购产品主要还是衣服等其他小物件，与村里零售商的经营冲突并不大，年龄稍大的村民多数还是对网购不放心，认为真假好次难辨。此外，零售商也告诉我："前两年有个叫'乐村淘'的网络平台主动联系他们要搞农村电商，不过后来也没有搞起来"。另一个对手就是村里的"早市"。以前村里的"早市"也就是为了方便村民买菜，早上有五六家菜贩子集中起来形成的一个短暂的小市场，但现在村里"早市"上卖的东西品种越来越多，包括油盐酱醋、干菜、水果、酱菜等，甚至冬天也多会出现煮油糕的商贩。在调研的过程中有村民反映"早市"上经常出现以次充好的现象，"上次我们两块五购买的白糖根本不能吃，放上一星期就变成了面"，我想这多是因为这些商贩流动性造成的"一锤子买卖"。

需要再提及的一件事情就是2018年国家对于盐业专营的取消，虽然国家实行该政策更多的是出于一种整改国企的考虑，改制一些低效率的部门，但是从盐业专营的历史考虑，此举意义重大。盐业专营从汉代开始，一千多年来一直是政府的重要财源，甚至有些王朝的覆灭都是源于对盐业的整改，对其取消的历史意义我想也不亚于取消农业税。取消专营后带来了市场自由化，一时间农村零售点出现了各种品牌的食盐，价格也由以前的统一价格变成了多种价格不等。按理说，引入竞争，激活市场是有利于老百姓的，但事实却并非如此，可能是受网络上曝光的一些劣质食盐的影响，村民多抱怨食盐的种类太多，无法筛选“健康的食盐”，如一位村民说道：“现在这么多种类，都不知道哪个是好的食盐”，我想这当中的原因或是对食品安全的担心，或是从心里怀有对政府的信任。

三、零售点多功能化与村民生活的改变

随着社会经济的发展，零售点的经营也趋于多功能化，兼具了村民会面沟通、为村民提供娱乐设施及其他社会服务的功能。这反映出村民生活的多样化，在物质生活提升的同时，对于精神生活的需求同样也在提升，其中村民一些生活方式的改变也反映农民的生活正在向城市靠近。虽然整体上我国的农村发展相对于城市较为落后，但从我们村的发展来看近郊农村还是发展不错的，较大程度地分享了改革开放给老百姓带来的福利。由此我们也可以思考，“乡村振兴”战略的实施，是否也可以借鉴目前发展较为不错的一些农村的经验。

（一）向农村“新闻中心”的转变

在较多的文学作品中，农村的生活是丰富多彩的，近来播出的电视剧“乡村爱情”正是反映了我国东北农村老百姓的日常生活情况，可以看出即使在普通的农民之间也会发生许多有趣的故事。同样，我们晋南农村老百姓的生活也是丰富多样的，老百姓之间也有许多“磕磕碰碰”，而农村的零售点正是村民“东扯西拉”的一个重要场所。

记得我读小学那会，村民之间特别是邻里，经常走家串门，大家东扯扯西拉拉，多谈论一些生活当中的一些琐事。这一时期零售点的规

模普遍较小，也不能给村民提供合适的交流场所，但到农闲季节的晚上或者是下雨天，还是有一些村民聚集到小卖店打扑克，这时大家之间就有一个交流的机会，相互之间开开玩笑，逗逗趣，除此之外，基本上很少有谈及其他事情。后来，随着零售点经营规模的扩大，服务范围的增加，大家有更多的机会在购买东西或在消费其他服务时在零售点碰面，这时就会谈论一些事情，内容多涉及“你家的枣树”、“我家的猪”、“今年去哪干活”（图2）。另外，近几年每到升学季，许多有学生的家长经常会谈论“某某学校怎么样”、“你家孩子计划去哪上学”、“谁谁家的孩子考上了哪个学校”。还有一些在外面工作过或见过世面，或喜欢读书的村民们也会谈论一些“国家大事”，但都是固定的那几个人。

图2　村民集中卖枣

由于零售点是全村人的交集点，村民的流动性比较大，除了大家日常关注的话题外，也常常汇集到了全村最新的各种新闻。在我调研的那段时间恰巧村里最热的就是“政府对于生猪养殖的整治”。村里以前的生猪多是小户养殖，其养殖地点也多是交通便利的大路旁边，距村民的生活区也不远。虽然这方便了养殖户，但也给村民生活带来了十分大的困扰，行驶在道路上一股刺鼻的味道经常扑面而来，特别是下雨天大半个村子都可以闻到特殊的酸味，夏天苍蝇更是成群。为此，镇政府在村里召开了一次会议，规定：“凡是在居民生活区500米以内的养猪场必须搬迁，否则就属于违规养殖，镇政府方面就要采取相应的行政管理措施”。虽然整治过程中一些养殖户的利益受到损害，但现在我们村里环境好了许多，不仅不用担心嗡嗡成群的苍蝇，而且行驶在道路上又能够闻见农田里泥土和农作物的芳香，下雨天给人们带来更多的是雨后的清新。当然，环境治理与生态恢复需要我们长期的努力，但相信有一天陶渊明诗句里“采菊东篱下，悠然见南山”的风景会在农村重现。

（二）社会服务功能的增加

商业经营有时候还是需要有开拓精神，当然这需要有一定的市场作为支撑。对于农村来讲，老百姓的收入提高了，其需求也必然多样化，这就需要有市场洞察力的经营者发现商机，善于冒风险，扩大营业范围，才能增加收入。从这一方面讲，我们村的零售商虽然是小本经营，但对市场的把握还是比较好的，从最初纯粹单一的“小卖部”逐步发展到了多元化经营，好多与老百姓日常相关的各种服务都可以在村里完成，这不仅方便了村民，也增加了经营者的收入。

电视机对于生活在 20 世纪的我们村村民来说并不是个廉价的大众商品，我们村出现的第一台电视就是村北边的“引黄工程站”在 1980 年左右买的，也就是个 14 英寸的黑白电视，没几年村里一个开工厂的村民又买了个 19 英寸的日本进口彩色电视机，这在当时都属于绝对的稀罕物件。据说“引黄工程站”和有彩电的居民家每天晚上都和“放电影”一样，热热闹闹地坐了一堆人，甚至现在村里人回忆起当时：“那时候，记得是播放“霍元甲”，人们早早过去占位置，不久院子里就人挤人，密密麻麻连个下脚的地方都没有了。后来到了 90 年代，电视机逐渐普及起来，刚开始大家也都是黑白电视机，后来彩色电视机开始流行起来，也先后出现了 VCD 与 DVD 两种专门看电影的播放机。大概是在 1997 年，一家零售商把自家的一间屋子改造成了录像厅，花费了大概 5 000 多元购买了全套的“家庭影院”兼营起了录像厅，据经营者回忆当时票价是一个人 1 元，播放时间主要看人多少，人多的话就会连续多播放几个电影，但并不会额外增加费用。顾客除了本村村民外，也多为在本村砖厂工作的外地工人，更多时候对于同村的孩子是免费观看。此外，去录像厅的人更多集中在下雨天。再后来，随着 VCD 与 DVD 的普及，录像厅也就停业了。

进入 21 世纪后，我们村的各家零售商逐步开始扩大经营规模，将“小卖部”变成了“超市”。同时，考虑到商店经营靠的就是“人气”，人多了生意才会好，村中的一家经营者 2008 年在完成超市“改造”之后，又首先兼营起了麻将馆，希望能给自己的零售店聚来“人气”。十年来，其所经营的麻将馆规模也逐步扩大，麻将桌由最初的两个增加到了现在的五个，但价格十年来并没有变化过，一直是一个人一晌3元钱。

电对农民生活与生产都是十分重要的，特别是随着农村现代化的推进，其更成为了老百姓离开不了的东西，“现在没有电饭都吃不成”，村民如是说道。但村里面交电费的方式与城里充卡用电不同，以前“电管站”每月都会把每户的电费票据送到村委会，再由村民到村委会付款领取，但到2014年开始使用起来POS机，直接用银行卡刷卡支付。由于一些原因，“电管站”没有设置专职人员在村里收电费，所以只能委派其他人兼职收电费，综合考虑后就把这个业务交给了村里的一家零售点，并给其配备了一台POS机，这家零售经营者也开始了兼营收电费的业务。

商业经营可能就是一个良性循环，实力越强的经营者愿意与其合作的合作方也就越多。由于村西的那一家零售商的经营规模较大，每天的人流相对多些，除了开拓上面说的收电费业务外，移动公司也找上门给了一个交手机费的机器，并给了一些合作条件，希望代其缴收话费，鉴于此举也能够方便居民（以前村民缴费需要跑到镇子上），零售商也就欣然答应了。

经过近几年的发展，电子商务已经不是一个新的商业模式了，目前不仅在城市普及，农村也开始逐渐接受，在上文中也已提到，农村的年轻人对其接受程度也是非常高的。现在，常常会有一些服务较好的快递公司直接把快件送到村里，但农村又不像城市，每家每户可标示性非常强，农村居民居住整体较为分散，这给快递员带来了困难，所以他们也多选择一个固定的地方等村民自己来取，有时候等的时间过久或者有其他急事，快递员就会把快件暂存到我们村里固定的零售点。可以预期，未来随着中国物流业的发展，零售点很可能成为物流网的终端。

四、结　　语

新中国成立以来，我们国家一直在不断地探索、发展和进步，在党的领导下逐步探索出一条具有中国特色的发展之路。回顾往昔不禁慨叹，农村作为国家发展的一个小细胞，无时无刻不受到国家政策以及大的经济环境的影响，正如调研中经营时间最久的一位零售店主说道：“国家发展太快，小时候我们基本上疲于温饱，改革开放后，大家开始自由地忙于自家营生，我家也开起来零售店，刚开始是骑自行车进货，1995年换成了摩托车，2014年又换成了汽车，这是我以前想都不敢想的，特别是近几年除了生活上越来越好外，也感觉到我们农民的地位也提升了，农村户口比城市户口更值钱了”。文贤先生在他的《苦并快乐着》一书中，对村庄零售店的变化做过这样的描述：“统购统销的年代，物资匮乏，收入又低，村民就只能依靠土地上产出的粮食蔬菜勉强度日。实在不得已的时候，还要去村里的供销社买些生活必需品。那时候供销社也是村民见面聚会的重要场所。随着改革开放力度的逐渐加大，改革范围逐渐拓宽，村民收入水平逐渐提高，市场越来越开放，村子供销社发挥的作用越来越少了，渐渐关门倒闭了。代之而起的村民自发兴办的小卖部，突然雨后春笋般冒出来了。后来村民嫌小卖部俗气，不够大气，就渐渐又改称超市了。超市里的商品越来越丰富了，品种繁多，琳琅满目。尽管村里超市的规模不大，但天南海北五湖四海的产品也都应有尽有，而今再去村里的超市，就恍惚置身于城市的超市一般。”

的确，仔细分析不难发现：1992年国家正式确立了社会主义市场经济体制改革的目标，零售商进货的自行车换成了摩托车；2012年十八大胜利召开为中国未来的发展描绘了美好蓝图，零售商的摩托车又换成了汽车；2017年党的十九大报告又提出了乡村振兴战略，农民的地位又进一步提高。可以看出，党和国家每次重大的决策不仅影响着零售业的变化，更是深深地影响着中国农村的方方面面。

随着市场经济的进一步发展，我国农村零售业在乡村中的服务与纽带作用更加显现。本调研从农村零售经营的变化窥视整个社会的变迁，主要论述了新中国成立以来不同历史阶段农村零售业的供货方式、购买群体、竞争情况、经营绩效等几方面的变化，供货方式的变化可以了解到区域经济发展对于农村的影响；购买群体的变化可以看出农村人口的变化；竞争情况的变化可以折射出农村局部经济格局的变迁；经营绩效可以反映出村民的收入水平。此外，零售点经营的多功能化也反映着农村的变迁，从中我们可以看出老百姓生活方式的改变、生活质量的提高。

若将上述几方面同时勾勒起来就是新中国成立近70年以来农村变迁的一个缩影，人口流动由读书、当兵两条途径变为自由选择；村民的受教育水平明显上升，接受高等教育不再是过独木桥；消费与收入水平大为提升，温饱早已成为过去式，现在高品质的生活成为了新的追求。但市场经济的发展也带来了其他方面的冲击，如以前淳朴的邻里关系逐渐市场化，人情变得冷漠，梁漱溟笔下的脉脉乡村可能再难觅寻。

从上述的调研可以看出，农村作为中国社会的一个小细胞，其发展无不与国家的大环境息息相关，农村的变迁也是整个社会发展的一个缩影，所以，未来要实现乡村振兴，努力提高我国整体的经济实力才是根本。当然我们也不能忽视对这布满全国各地的星星点点村庄倾斜性地多方面支持，在这过程中也要注意到中国的农村是中华文明的主要载体，在推进现代化的同时，更应该注重对民族文化的保护。

第三篇　农村发展纪实

金山银山不如绿水青山

——雒庄集经济发展与环境污染的变迁及思考

吕　源*

实施农村人居环境整治三年行动计划，以农村垃圾、污水治理和村容村貌提升为主攻方向，整合各种资源，强化各种举措，稳步有序推进农村人居环境突出问题治理。坚持不懈推进农村“厕所革命”，大力开展农村户用卫生厕所建设和改造，同步实施粪污治理，加快实现农村无害化卫生厕所全覆盖，努力补齐影响农民群众生活品质的短板。总结推广适用不同地区的农村污水治理模式，加强技术支撑和指导。深入推进农村环境综合整治。推进北方地区农村散煤替代，有条件的地方有序推进煤改气、煤改电和新能源利用。

——2018 年 1 号文件《中共中央 国务院关于实施乡村振兴战略的意见》

中国农村经济在过去四十年间快速发展，伴随的环境污染也日趋恶化。根据农村改革五个阶段（宋洪远，2018），可以将农村经济发展也划分为五个阶段，分别呈现相应变化。但有关农村经济发展和环境改变之间的动态过程研究较少。一是，以经济发展为主的策略，一切以提高效率为前提，对环境的关注度低；二是，农村污染物比较复杂，包括农业生产污染、生活垃圾以及农村企业三废，并且垃圾处理设施少，导致关于农村污染的统计不多。当经济达到一定的水平之后，人们会逐渐开

* 吕源（1991—），男，河南沈丘人，中国农业大学 2016 级博士研究生。

始关注环境对于自身发展的影响，重视保护环境，这符合大部分研究中所提到的环境库兹涅茨曲线——即经济增长和环境的“倒U形”关系，倒不是说经济增长能自动改善环境，而是经济增长能带动产业结构转变、技术进步或者环境管制，纯粹只看经济增长和环境污染可能不存在这种关系，而是要在模型中加入其他控制因素才能得出该结论。虽然国家经过多次政策改革来改善乡村环境，但现在有些农村环境污染仍然十分严重，那么根据“倒U形”关系来看中国农村经济四十年的发展和环境之间的关系就是本文所要研究的主要问题。另外，导致它们之间关系变化的原因是什么以及如何解决环境污染的问题等也是本文所要探索的重点。本次调研选取2018年刚脱贫的村庄——河南省周口市沈丘县李老庄乡雒庄集作为探索经济社会发展和环境之间关系的案例。

一、雒庄集简介

和沿海发达地区农村不同，雒庄集自然资源匮乏，经济发展缓慢，人均收入低，属于国家级的贫困村。种植作物以大田作物为主，地处豫东平原，没有一座山脉，没有矿产资源，没有森林资源，水资源存在严重污染、生态环境一般，是没有特色、最普通的中国农村代表。

雒庄集地处平原，交通发达，地理位置优越是主要优势，而现在究竟是一种什么情况呢？开车从沈丘县县城到雒庄集大概需要50分钟，不是因为道路不好，而是因为雒庄集位于距沈丘县最偏远的李老庄乡西面，距县城40公里。从距离上来看，虽然雒庄集属于三县中的河南省沈丘县，但却离安徽省的临泉县更近。沈丘县位于雒庄集的东北方，项城市位于西北方，临泉县位于东南方。雒庄集位于三者中间，到他们的距离均在一小时的车程之内（图1）。

雒庄集的传统是一年两集，“两集”分别是阴历的二月二和九月九的村中集市，而集会的影响力很大。二月二龙抬头，农村有烧香祭祀的习俗。由于存在佛祖庙的缘故，人们来此烧香拜佛，此时小麦已经播种了6个月，春节和农闲，导致庙会繁荣，来此做生意的人多半将自己加工的物品出售，如竹筐、簸箕、家具等，就形成了庙会集，赶会烧香人们络绎不绝，庙门口人满为患。九月九重阳节，中国四大祭祖节日之一，此时玉米刚播种，庙会成了农闲时期的重要贸易场所。这是两个比较大的“集”，方圆几十公里甚至上百里的村民来此贸易。由于贸易的兴起，导致当地居民呈现出多元化。据当地村委会统计，雒庄集男人的姓氏有三十多个，村里的外来人口很多，多是由于集市兴起从祖辈迁入，这么多姓氏的村在平原地区并不多见。近几年，由于外出务工农民增多，集会的影响力式微，再加上超市和电商在农村越来越普遍，人们不再需要从集上购买产品，导致农村个体加工业的衰败。另外由于距离县城远，且附近没有设乡，而是选择距离县城较近的李老庄公社于1983年成为了李老庄乡，导致李老庄乡分流了一部分雒庄集的贸易人口，雒庄集也和其他大部分农村一样正在走向衰败。

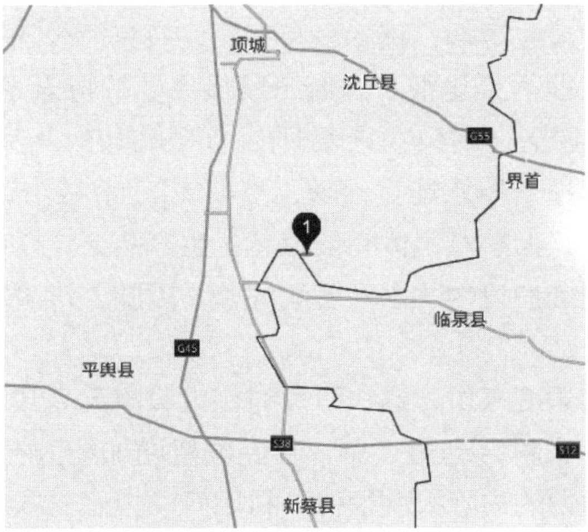

图1　雒庄集的地理位置

图片来源：百度地图；雒庄集的标注是1。

二、雒庄集经济发展与环境污染的变迁

1978年以来，农村改革可大致分为五个重要阶段。第一，1978—1984年的探索突破阶段；第二，1984—1992年该阶段以十二届三中全会为起点，主要特点是城乡互动；第三，1992—2002年的起点是党的十四大为起点，该阶段的主要特点是全面推进社会主义市场经济体制；第四，2002—2012年的起点是党的十六大召开，主要特点是城乡统筹发展；第五，2012年至今起点是党的十八大召开，以全面建成小康社

会为目标，全面推进农村综合改革和各领域改革，着力深化农村体制机制创新，改革进入了城乡融合发展的新阶段。

（一）第一阶段农村经济发展与环境污染

1978 年十一届三中全会召开标志着农村改革的推行，直到 1984 年，全国共有 569 万个生产队，99% 以上实行包产到户或包干到户（陈锡文，2018）。受政策影响，该阶段雒庄集的主要农作物是粮食，人均收入水平低，环境基本没有污染。其一，经济收入低，物质匮乏，生活污染物较少，而粪便等污染物多用于施肥；其二，农业生产垃圾也很少，此阶段施肥以农家肥为主，农药基本不用，也没有一些高消耗的设施；其三，农村工业薄弱，基本没有工厂，只有很少的拖拉机等农用机械，所以农村工业污染也很少。该阶段最主要的特点是经济发展落后，各方面物资都很匮乏，污染物来源很少，环境良好。用村民的话是："公社时期，去沟里捧一捧水能直接喝，夏天能下河洗澡摸鱼"。这个阶段的村民生活单一，大家对集体有依赖感，生产队会定期组织村民维护沟渠，村民一起去维护村中的水环境的健康。因此，该阶段雒庄集经济水平低，但环境良好。

从村民个人角度来讲，这一阶段村民人口流动受政策制约，导致人口转移不出去，农村劳动力过剩，村民数量增加能为村环境做出贡献。因为耕地上劳动力的边际报酬很低，村民可以去做一些低报酬或公益性的工作；另外，由于分配制度，村民的个人努力程度并不会显著改变其收入，更有意愿去改善环境。从集体的角度上来讲，当时生产队为了解决就业问题，更好地利用农村劳动力，有动力去做改善环境的工作。环境的改变不仅有利于农业生产，解决劳动力闲置，更能提高村民的幸福感。

（二）第二阶段农村经济发展与环境污染

该阶段适于十二届三中全会，有条件的农村剩余劳动力开始向城市转移，村民的农业生产也有了一定的积累，此时的雒庄集处于 40 年间最繁华的时段。受所处地理位置以及集会等传统因素影响，村民在每个月初一、十五都会来此赶会，再加上村民心灵手巧，农产品加工业在此时迅速发展，比如编织的箩筐、手工家具等在集市中受到追捧，销售紧俏，也为后来乡镇企业的发展奠定了基础。在农业发展方面，种植的农产品逐步多样化，仍然以粮食为主，所种粮食除去交公粮多为自己所食用，农药和化肥使用量很少，农业生产污染也低；农民的农业机械化水平提高，虽然个别农户家里已经有拖拉机等农业机械，但拥有的机械数量少，功率也不大，所以污染也少。随着经济水平的提高，农民的生活有所改善，特别是农村剩余劳动力开始向外转移以及农产品加工业的壮大，有些村民开始向附近的县城转移，寻找一些诸如泥瓦工、防水工等工作，或者在农民家里成立小作坊，很少雇佣工人，多为一个家庭或者亲戚邻居之间的互助。由于部分农民的辛勤劳动和好机遇，农民之间的平均主义被打破，有些人的收入大幅增长，成为远近闻名的“万元户”，而有些人仍然过着日出而作日落而息的传统农村生活。

该阶段的环境污染也和经济发展密切相关，村民的生活改善的同时，基本温饱得到解决，开始使用一些如洗衣粉、肥皂等日化用品。受制于个人经济条件，这些物品使用量很少，基本在环境的自净能力之内；农村的工业发展以农产品手工业为主，造成的环境污染也很少；由于自身和经济原因，农业生产方面所使用的农药、化肥很少，养殖户数量多，但规模都不大，养殖的饲料也多是农作物，农业生产污染也较少。总体来说，经济发展带动了污染物的增加，但由于经济水平低，污染物少，所以仍然在环境的自净范围之内。

（三）第三阶段农村经济发展与环境污染

该阶段为 1992—2002 年，特点是全面推进社会主义市场经济，农民外出打工现象普遍发生，出去务工多为生于 20 世纪 60 年代前后的村民，以男性为主，从事的行业多是加工业、建筑业、制造业等行业，这是农村中第一批大规模外出务工的群体，所涉及的行业均是城市人不愿干的行业，依靠辛苦出卖自己廉价劳动力换取微薄的报酬。即便如此，这些行业的收益也高于土地边际收益，所以大批农民工进城务工。村民的重点已经开始转向城市，“离土不离乡”是该阶段农民工最主要的特征。农村土地开始呈现出闲置的现象，主要是农业的比较收益较低，种植农作物的比较收益少，而且由于当时机械化水平低，种地需要付出大量的劳动力，劳动收益率明显低于城市。市场经济潜移默化地改变着农民的思想，农民开始重视自己的机会成本。这就导致农民为了节省时间，加大使用化肥和农药。村中养殖的规模依然很小，动物饲料多为农作物或者剩饭剩菜等，粪便随意排放。

随着村民的生活水平提高，该阶段的生活污染物排放开始增多，生活中开始使用更多的日化用品、塑料袋、瓶装饮料、一次性筷子等，有些污染物不易降解，有的则在降解的过程中富营养化，超过原有生态的自净能力，村民的环保意识不强，这些污染物多随手丢弃，乡村中卫生基础设施条件差，无人做环保工作，乡村中脏乱差的现象在逐渐呈现。幸运的是这个阶段农村工业发展缓慢，雒庄集几乎没有乡镇企业，所以工业污染几乎没有。

（四）第四阶段农村经济发展与环境污染

该阶段是 2002—2012 年，特点是经济飞速发展，所带来的社会问题越来越多，污染也越来越严重。偏重经济发展的策略，使雒庄集被一些企业严重污染，如村里有两个皮革厂，皮革厂污染导致下游沟养的鱼死亡，鱼塘主状告皮革厂，才迫使皮革厂关闭。此时，村中劳动力 90% 以上外出务工，其中 80 后新生代农民工成为农民工主力，女性外出务工的比率也显著增加。从事行业也从第二产业逐步转型到服务业；从靠苦力挣钱的老一代农民工，发展到依靠专业技能工作的新生代农民工。“离土离乡”的现象开始出现，导致农村土地中出现撂荒现象，或者是依托于亲戚朋友邻居或相近地块村民间的土地托管。收割机、耕地机等大型农业机械开始应用，人们用于耕种的劳动时间越来越少，多数工作已由机械代替。但由于农业生产收益较低，不能任何一个过程都交于第三方处理，如打药、运输、施肥等过程，仍然要依靠农民自己来完成。物质生活的快速膨胀，农业生产上农药和化肥使用不当，导致环境污染更加严重。

此外，农民的生活水平显著提高，衣食住行等方面均有显著改善，导致生活垃圾种类多元化，而村庄中缺少必要的基础设施，如垃圾分类处理等条件。村民的环保意识仍然薄弱，这十年间基本没有改变。

（五）第五阶段经济发展与环境污染

该阶段是 2012 年至今，以全面建成小康社会为目标，全面推进农村综合改革和各领域改革，改革进入了城乡融合发展的新阶段。主要特点是经济增长放缓，人们开始从注重量转向注重质。农业发展的收益较低，以玉米为例，玉米种植面积逐年减少，2018 年玉米种植 697 亩，芝麻、大豆的种植面积均约 450 亩。玉米的价格每斤七八角，大豆每斤 1 元左右，芝麻每斤 5 元。村中前几年有少数地块种植中药材，但联系不到厂家和买家，没有销路，卖难现象突出，已经于 2018 年停止种植。三年前，玉米的价格为每斤 1.1 元左右，大豆每斤 1 ～ 2 元，芝麻每斤 3 ～ 4 元。玉米亩产 1 000 斤左右，大豆亩产 300 ～ 400 斤，芝麻每亩产量 150 斤左右，所以玉米的收益是最高的，雒庄集村民基本全部种植玉米。而近几年，由于种子、化肥、农药和人工等价格上升，每亩地玉米季的利润约有 300 元，遇见灾害年份甚至出现种地赔钱的现象，远远赶不上出去打工收入高。

规模化在当地很难实施，主要原因有：第一，农业前期投资大。需要购置大型机械、排水和灌溉等基础设施的固定性资产投入，也要种子、化肥、农药等流动性资产投入，同时也需要人工费、管理费等劳务费用。第二，投资回报率低。投资一二百万甚至更多资金到农业生产不如在县城、省城买套房子，坐等升值，升值空间更大，而且不用劳动，以每亩 300 元的利润，种子、化肥、农药、租金每亩要 1 000 元左右，再加上人工和机械费用，另外村里的排水设施更是无底洞。第三，不确定性风险。以 2018 年为例，由于夏季降水过多，很大一部分农田被淹，玉米刚插上苗就被淹死，损失很大。

在养殖生产方面，村南面有大概 9 家专业养猪户，每户年出栏数都在 100 头左右，但这些养猪户的环境污染很严重，猪的排泄物不作任何处理直接排入已经被占、被堵的沟渠。夏天刮东南风时，整个村都弥漫着臭味。村里几个年轻人已经向县里环保局举报这种现象，环保局来拍照取证之后，迟迟没有处理。虽然有在建化粪池等措施，但排泄物仍然倾倒在门前的沟里。“谁想举报谁举报，除非不让我干”是这部分养猪户的主要态度，只要进行生产就依然会往沟渠里倾倒。人们对于环境态度可见一斑，对公共卫生、公共资源肆意污染和掠夺，将个人利益看得高于一切。

（六）小结

纵观农村经济改革的五个阶段和环境的关系，以雒庄集为例，其基本符合库兹涅茨曲线。但由于经济发展仍然在上升，处于高经济发展和高污染的历史高点，而环境恶化导致当地农民健康状况不佳，村民健康受到比城市更严重的考验。

据统计，近年来雒庄集的癌症发病率明显高于附近村庄。外出打工者假期带着孩子返乡，由于小孩子基本没回来过，刚到家两天，环境差、蚊子多、全身长疹子，去找村医开了些药，实在住不下去便回城里了。2016 年完成了全村道路硬化，村里的路相比之前干净整洁了不少，路旁每隔不远就有绿色大垃圾桶，村里配备 2 ～ 4 名卫生员。但穿过村子的小沟小渠却还是长着绿油油的浮毛。雒庄集距离“金山银山不如绿水青山”的距离还有很远的路要走。

三、雒庄集经济发展的困局

农业生产方面，仅依靠农民个人的力量是很难实现规模化生产。首先是资金问题，由于农户个体资源限制，农业基础设施投资大，但补贴获取不易。以水利基础设施为例，公社时期规划的沟、渠，都被村民占为己用，这种现象并不是个例，而是普遍。在沟旁边的村民会把房子建在沟上，门前有渠的村民就把前面的渠给填上，方便自己走路。这就导致雨水过多时，部分农田里的水排不掉，想要解决排水问题就要疏通沟渠，花费很大，且不易实施。重要的是，补贴获取不易。虽然政府对农民购买农业机械有补贴，但想要拿到补贴并不简单。先不说“吃拿卡要”这种腐败现象以及行政手续办理时间长的问题，农民对于购买农机具的补贴找谁要都不清楚。在一个人情社会为主的农村，“找人”现象十分普遍，“不认识人”的农民想要认识“当官的”、“办事的”，需要人托人的一路打点，基本上补贴能拿到一半就算成功了。其次，是土地问题，以土地托管与租地为例，人情社会下土地托管的委托方不收钱或者收很少一部分钱，但如果想要做长期规模化生产就必须土地流转，而农户对于流转土地租金的要价往往虚高，也高于托管的要价。在没有灾害的前提下，每亩地的净收入约为 1 000 元，如果土地托管给亲戚朋友，托管农户要价可能只有每亩 200 元或者更低的实物计价。如果是长期土地流转，要价多为 1 000 元甚至更高的 1 500 元，这就导致租地成本大幅度上升。第三，种子化肥农药价格增高，除此之外由于种地是经验性、长期性习得的本领，植物或者土地缺什么肥料打什么农药都是根据经验做出判断，遇到问题时处理能力不强，一味加大用量，导致农药、化肥等生产资料的浪费，种地成本进一步增加。第四，缺乏懂技术、懂经营的专业人才。对于农业人才的投入有两种：一是引进外部人才；二是内部培训。在人工费迅速上升的阶段，外部雇佣投入更大，雒庄集对于外来人员的吸引性已经远远低于那个交通不发达的年代，想要得到技术人员就需要支付比城里更多的工资；内部培训在当地也行不通，村里大多数人都外出务工、上学，多数走出农村的农民不愿再回到农村，人才流失严重，从事农业生产的多半已年过五十，文化程度普遍不高，大多数人不会使用智能手机。大部分未外出务工的男性村民的生活状态是喝酒、抽烟、打牌，缺乏追逐经济效益的动力，未外出务工的女性村民多从事做饭、洗衣、照顾孩子等家务和一些零碎的手工来补贴家用，种地对农民来说是一种本能和消遣，也是那些没能力外出务工人员的无奈之举。除此之外乡下的农业辅导站多是卖种子、卖化肥，对于农民生产指导较少。例如现实可能需要对土地进行检验，来确定缺哪种化学元素或者适合种植开创性效益高的新品种等；承包大户想要种植一些经济效益好的作物就需要这方面的知识，但辅导站的农业科技人员的业务水平不高，仍然是经验性习得的知识为主，技术陈旧，无法满足大户这种需求。农户仍然需要自己考察、检验、实验等，不仅增加了投入成本，而且加大了农户种植的风险。

在非农收入方面，雒庄集村民中大部分都在外打工，工资性收入占总收入的80%，而贫困户收入计算中，工资性收入的贡献率最大。贫困户的转移性收入明显高于非贫困户，贫困户工资性收入所占比例没有非贫困户高。农户从自身经济利益出发，成为贫困户有各种补贴和政策倾斜，导致在家务农的农民都想成为贫困户。常年在外务工人员人数较多，家乡评贫困户大部分被排除在外，再加上每个村都有贫困户名额比例，也就是这个村本身贫困程度比另外的村低，但也有一定的贫困户名额，这就使本来日子能过得去的农民在本村比较情况下，被评为贫困户，在享受了一段时间的贫困补贴之后，选择退出的现象发生。

在体制方面，近年来的土地确权加大了农民侵害集体利益行为出现的风险。二轮承包地时期，很多农民分到的土地是模糊的、不明确的，集体的土地也是不明确，所以在土地确权之前，将“土地变成自己的”

是很多农民的做法。虽然现在土地种植农作物的效益低，农村宅基地的价格也很低，但是“利己”主义告诉人们不占就是吃亏，不占就是自己不作为。“挖社会主义墙角，薅社会主义羊毛”的现象并不是小品中用来搞笑的，而是事实。

四、政策建议

（一）发展集体经济，加强村民和村之间的联系

发展壮大村集体经济能够帮助村集体解决物质基础，解决巧妇难为无米之炊、穷家难当的困境。特别是当村集体出现公共事业资金需求时，不依靠政府而是村集体自行处理相关事务，帮助村集体提供必要的服务。目前农村村委会和群众之间利益连接越来越少，村集体经济作为农民和村集体的链接点能有效解决农民和集体之间联系少的问题，使农民有归属感，提供农村社会的凝聚力，从精神层面上帮助农民认识到集体的重要性，提高农民的文化素质，爱护、保护、为集体做贡献是每个集体成员的责任。另外，通过多种渠道撬动更多金融资金、民间投资、社会资本投向村级集体经济，增强集体经济发展动力。最后，合理分配，共享集体经济发展成果，建立集体收益的“4231”分配机制，其中 40% 用于全体股民按股分红，使农民得到真正的实惠；30% 用于农村的公益事业建设，积极改善水、电、路等基础设施建设；20% 用于集体经济发展基金，投向有潜力的产业，实现村集体经济的可持续发展；10% 用于扶贫助残，资助贫困学生，救助大病患者，照顾孤寡老人，有效解决上不起学、看不起病等现实问题（杨海林，2018）。

（二）改善农村生态环境，保障基本医疗条件

目前，雒庄集垃圾处理仍然是最原始的“垃圾靠风刮，污水靠蒸发”的解决之道。实施农村人居环境整治行动，结合本村特点推进农村生活垃圾分类，推进农村生活污水处理设施的建设发展；加强畜禽养殖污染源头防控，推进整建制畜禽粪污资源化利用，推进农业投入品优化调整，避免环境安全隐患；在农村地区也要提倡绿色发展，加强农村地区非农行业的监管控制，同时也要对农业生产环境污染加以规范，强化耕地、渔业水域等用途管控，严防不合理开发建设活动对资源环境的破

坏；提升农业农村环境监管能力，建立农业农村污染治理信息平台，建立农业农村污染源监管机制，探索创新分散污染源环境监管手段等。落实推进农村垃圾处理厂建设和相关器具的供给，敦促环境污染农户整改，开展环境执法、环境监测、环境宣传的“三下乡”活动，将环保意识深入普及到农村老百姓的心中去，并利用好“以奖促治”等手段，激发农民保护农村水资源的积极性，更好地从源头上做好保护工作。

农村医疗是农民所面临最基础也是最重要的医疗防线。它们的主要工作任务是对于常见病、多发病、季节病、慢性病和健康知识的普及和对一些基本病的医疗和防护。首先，应统筹利用好城市的医疗资源，开展城市医疗卫生服务支援农村卫生工作的措施，不定期将城市的优质医疗资源与农村共享，如开展城市医生下乡出诊等，来不断促进农村医疗卫生服务的效率和效能的提高。其次，培养本土人才，建立本土人才高地，在现有乡医村医的基础上，改进他们的服务水平和意识。建立长效卫生技术人员帮扶制度，给基层医院送医送教，同时每年安排对口基层医务人员若干名，予以免费进修学习。再者，本地医疗收入少，应制定相关补助政策，解决好村医及其家属的生活保障，实实在在让村医生活安定，踏实工作，为村民提供较好的医疗条件，增加村医医疗卫生工作补助以及为其提供各项保障措施，像关心自身健康去抓落实，让农民期望变为现实。

参考文献

陈锡文 . 读懂中国农业农村农民 [M]. 北京：外文出版社，2018：85.

宋洪远 . 中国农村改革 40 年：回顾与思考 [J]. 南京农业大学学报（社会科学版）. 2018，18（3）：1–11.

王敏，黄滢 . 中国的环境污染与经济增长 [J]. 经济学（季刊）. 2015，14（2）：557–578.

杨海林 . 发展壮大村集体经济是实现乡村振兴的必由之路 [EB/OL]. 人民网 – 山西频道，2018–05–11. http ： //sx.people.com.cn/GB/n2/2018/0511/c189133–31566668.html.

“园”聚百业，交“乡”辉映

——四川遂宁永河现代农业产业园与永兴镇长五间村调研纪实

李辛一 *

依托现代农业产业园、农业科技园区、农产品加工园、农村产业融合发展示范园等，打造农村产业融合发展的平台载体，促进农业内部融合、延伸农业产业链、拓展农业多种功能、发展农业新型业态等多模式融合发展。加快培育农商产业联盟、农业产业化联合体等新型产业链主体，打造一批产加销一体的全产业链企业集群。推进农业循环经济试点示范和田园综合体试点建设。完善紧密型利益联结机制，始终坚持把农民更多分享增值收益作为基本出发点，着力增强农民参与融合能力，创新收益分享模式，健全联农带农有效激励机制，让农民更多分享产业融合发展的增值收益。

——《乡村振兴战略规划（2018—2022年）》

一、调研背景

改革开放四十年来，我国农村发生了巨大变化。家庭联产承包责任制的推行，一方面解决了人们的温饱问题，另一方面促使大量农村剩余劳动力成功转移到非农产业，在效率更高的岗位上创造财富。随着“以

* 李辛一（1991— ），男，四川遂宁人，中国农业大学2017级博士研究生。

人为本”的新型城镇化战略不断推进，农村家庭内部分工的情境逐渐增多，年轻人外出务工，年长且无法在城市找到稳定工作的人只能回乡，这部分人成为了有能力却没工作机会的闲置劳动力，鉴于此，农村各家各户小规模的经营模式已不能满足现代社会发展的步伐。对于农村存在的大量闲置劳动力——年长的农民群体、为了照顾孩子和老人的年轻女性农民群体，以及身体健康欠佳需要回乡休养的农民，他们都对能够创造美好生活的工作机会充满了期待。对此，中央1号文件提出“要加快构建现代农业产业体系、生产体系、经营体系，提高农业创新力、竞争力和全要素生产率。推进特色农产品优势区创建，建设现代农业产业园、农业科技园。实施产业兴村强县行动，推行标准化生产，培育农产品品牌，保护地理标志农产品，打造一村一品、一县一业发展新格局”，这是现代农业产业园区建立的现实需求和政策依据。现实中的现代产业园区发展究竟如何？其发展面临何种问题和挑战？带着这些问题，笔者于2018年7月底来到四川省遂宁市船山区永河现代农业产业园进行实地调研。笔者走访了园区部分企业和区内村民，以了解近年来园区发展情况和乡村变迁的历程，并进一步探寻园区现代农业产业发展对乡村振兴的作用和对小农户生产生活的具体影响。本次调研采用了对象访谈法、问卷调查法，随机抽取3家企业进行调研访谈；并对部分农户进行随机抽样，发放问卷10份，收回有效问卷10份；发放村级问卷1份，用以问询村干部以了解受访村的基本情况。

二、调研案例

（一）永河现代农业产业园基本情况

永河现代农业产业园总规划面积160平方公里，涵盖永兴镇、河沙镇、仁里镇三个乡镇共55个行政村（其中贫困村11个），总耕地面积6.24万亩，总人口6.55万人（其中贫困人口6 466人）。园区自2014年全面启动建设以来，围绕“水果花木、生态养殖、乡村旅游、优质粮蔬”四大方面进行产业布局，引进现代农业项目54个，流转土地4万余亩，基本建成各类产业基地2.75万亩；新建骨干路网35.7公里，区间基础设施配套随产业建设全面跟进；建成幸福美丽新村14个，参建农户700余户；累计完成投资25亿元，建成区面积65平方公里，已创建省级现代农业示范园区。近年来，园区推进了培育新型农业经营主体、建设产学研联合机制、发展农业规模化经营、探索利益联结机制、创建农产品品牌等措施，有效激发农业生产活力，改善了区内农户生活水平，实现了企业发展和农户致富的双赢局面。

（二）调研企业背景情况

1. 四川百绿盛三生农业科技发展有限公司

四川百绿盛三生农业科技发展有限公司2014年5月入驻永河现代农业产业园，主要建设内容包括台湾牛樟一体化产业基地建设（百绿盛三生农业产业扶贫攻坚示范项目）、台湾有机精致农业、现代农业休闲观光及牛樟芝养生养老，项目规划面积1.5万亩，计划总投资20亿元，建成投产后，将实现年销售收入3.3亿元，年上缴利税7 000余万元。通过3年建设，已成为省级台湾现代农业示范基地、市级农业产业化龙头企业、2017年全市重点推进项目。截至目前流转土地约1万亩（其中流转孟桥村、明镜村、蒲草沟村等贫困村土地4 500亩），完成投资1.5亿元，建成300余亩现代农业生产设施，发展牛樟木原料林1 000亩、台湾长果桑120亩、金园琵琶50亩及配套农业基础设施，产业形态初具规模。

2. 四川菌绿生态农业科技有限公司

四川菌绿生态农业有限公司（简称川菌绿）是一家集研发、生产、销售为一体的食用菌现代化农业生产企业，现为西南地区最大的海鲜菇生产基地。公司坐落在船山区永河现代农业园，属于遂宁市重点招商引资的企业，于2014年落户遂宁，占地50亩，总投资超过5 000万元，2016年1月正式投产，同年6月，首批海鲜菇产品上市。公司依托科技力量的注入，日产海鲜菇24 000包，年产海鲜菇约4 000吨，日销售量12吨，年产值3 000余万元，产品主要销往成渝两地。

公司属于高新生物技术企业，其生产特点在于：通过灯光刺激海鲜菇生产和培育液体菌种增产增量等高科技手段来增加产量、提升品质。这样做的生产优势在于四个方面：第一，采用工厂化生产，不受天气与气候变化影响。采用“光肥”等不同波长的光对菌丝进行处理，使得生产的海鲜菇具有不同的营养成分。第二，循环利用资源。种植菌丝的原材料都是秸秆、木屑等次生材料，秸秆、木屑经过发酵、使用后将变为菌渣，可以作为很好的有机肥料。第三，生产高度集约化。现阶段公司共有 90 亩土地，第一期工程占地 50 亩，厂房 18 000 平方米，充分利用了空间，采用立体栽种、全时生产的方式，有效利用了空间和时间，形成了全时空的集约化生产。第四，生产工艺绿色环保。产品不使用添加剂，也没有农药残留，重金属含量远低于国家标准，且已取得国家有机认证。

（三）调研村庄背景情况

长五间村位于四川省遂宁市船山区永兴镇，位居涪江上游河谷丘陵地带。全村位于城乡交接地带，属城郊农业区域。村农业以种植业为主，距离遂宁市城区约 15 公里（国道里程）。目前本村经济发达程度在所在县（市）位居上等。全村共有村民 635 户，其中农业户 478 户。总人口数 1 578 人，其中 16 ～ 65 岁劳动力人口占总人口的 60%，65 岁以上老人占总人口比重为 17%，长期从事非农工作劳动力人口比重高于 80%，这些劳动人口中，80% 以上在深圳、广东、西藏等外地务工。2017 年长五间村农民人均纯收入 13 760 元，相比 2012 年的 8 200 元增长了 5 560 元。村内主要种植作物为水稻、玉米、薯类。全村共有农业用地总面积 3 310 亩，其中耕地总面积 2 410 亩，建设用地约 100 亩，其他林地 800 亩，全村所有承包地都已进行确权颁证工作，土地流转一般采取农村集体经济组织作为媒介，与农业企业签订合同进行土地流转。流转的主要方式是转包，也有采取出租、转让等方式进行流转的案例。总体而言，土地确权让农户普遍感受到了权利明确以及随之而来的踏实感，村民流转土地的收入也在一定程度上得到了增加。村庄基础设施建设较为完善，通电户比率为 100%，道路硬化率 100%，农田水利、村民饮水、互联网通讯等建设也基本得到保障。

三、园区访谈录之一：现代农业企业发展的瓶颈与对策

访谈对象：永和现代农业产业园管理委员会　杨主任；四川百绿盛三生农业科技发展有限公司　刘总、林先生（中国台湾）；四川菌绿生态

农业科技有限公司 张总、徐总。

（一）现代农业产业园区的建设对村民生活的改善

经过座谈我们了解到，永河现代农业产业园引入企业的标准较高，要经过一系列的资格审查，企业不许有污染环境的生产行为，同时严格要求企业不得把流转来的土地私自改变用途。园内企业与农户的合作关系主要是“雇佣一分成”方式。雇佣，即是指企业雇佣本地农民为员工，进行农业生产作业；企业提供种子、机械、化肥等生产资料，农民提供劳动力和管理技能，企业给农民发放工资。分成，指农户通过土地入股、技术入股、资金入股等方式参与企业经营管理，企业给予农户一定比率的所得分配。此外，政府为园区发展提供的激励、扶持政策有：政府项目资金整合扶持、区政府自有资金奖补支持、农业企业税收减免优惠支持、政策指标和农用基础设施优先满足等。综合来看，园区的建设和企业的引进对本地农户的帮助主要体现在如下方面：

1. 基础设施建设大幅改善，村民生活条件改善

2014 年现代农业园园区建立前，区内农村基础设施条件落后，村庄与遂宁城之间只有一条 318 线国道联系，由于长期超负荷运行，国道道路坑坑洼洼，且夜间道路几无照明，交通事故频发。村间道路基本是泥泞的泥路，据杨主任说，过去到邻近的河沙镇赶场要花费很多时间。2014 年园区建立后，政府、企业增加了对交通基础设施的建设投入，国道经过整修拓宽，现已成为园区与城区之间紧密联系的通道。此外，政府新修了中环高速公路，极大密切了园区与城区之间的联系；村间道路经过整治，已完成了道路硬化，便利了村民出行。区内机井建设、区内危房改造等工程也由政府和企业共同投资予以完善，村民生产、生活的基础设施条件已经有了极大提升。

2. 引进企业解决就业问题，闲置劳动力得到了工作机会

现阶段农村普遍存在一个问题：年轻的一代农民往往接受了更高水平的教育，故多数年轻的农民都外出上学或者务工，学成后或打工挣到钱后一般都会留在城市里，身份转变为市民。而留在农村里的农民是一些在城市无法找到工作机会，或者一些无法全家迁移进城生活的人，在农村照顾老人和孩子、妇女。他们也渴望让自己生活变得更加美好的工

作机会。而永河现代农业园的建立引入了数十家农业企业，这些企业雇佣本地的农民作为员工进行专业化生产，并给予适当的业务培训和高于单纯种地的工资水平，极大地激发了留守农民的生产积极性，有效解决了留守农民的就业问题，实现了社会稳定和农村发展。

3. 农户收入显著增加，脱贫事业不断推进

按照园区带动、整村推进的模式，推行了项目招引优先推荐贫困村、企业用工优先选择贫困户、产业带动优先吸纳贫困户、企业帮扶优先定点贫困户等举措，加速了园区内贫困村产业发展和贫困人口增收步伐。截至2016年底，全区已实现6个贫困村退出，2 802户、5 866人脱贫，园区内农民人均纯收入超过1.5万元/年。以长五间村的土地流转收入为例，村内农户几乎都将土地流转给当地的企业，企业每年给予农户700～1 000元/亩的土地流转收入，充分释放了土地的资产效应，有效增加了农户收入。

（二）园区企业发展过程中面临的问题

1. 投入端面临的难题

（1）劳动力供给存在“量”、“质”方面的短缺。“量”的短缺体现在劳动力数量短缺。由于年轻农民外出打工，本地留守的农民数量不足。“质”的不足体现在企业招募的劳动力年龄普遍偏大，素质相对不高。由于近年农村青壮年劳动力大量外出务工，改变了农村剩余劳动力结构，留村劳动力以老、妇、幼为主，一方面难以提供充分的劳动能力，另一方面受教育程度不高，思想保守，对新技术、新事物的接受能力较弱。上述不足使得企业增产增收存在不小困难。

（2）能源投入费用较高且供给不稳。据被调查企业反映，部分农产品生产需要恒温恒湿的环境，因此电力消费较高。但园区的工业用电价格较高，导致生产成本上升；此外，盛夏时节电力消耗较大，电压容易出现不稳定现象，致使企业生产遭遇能源瓶颈。

（3）企业投入资金短缺。当前，企业资金短缺主要体现在，一些企业已经拖欠了员工工资，个别企业甚至拖欠了土地流转农户的地租费用。对此，部分企业提出，希望将流转地的用途由农业用地转为工业用地，这样企业可以利用土地去银行进行抵押贷款，从而缓解企业的资金压力，然而这样做不符合流转不改变土地用途的规定。其原因在于，园区农业企业的资金短缺主要由于企业前期投入较大，而农产品销售网络构建较为困难，投入产出回报期较长。

2. 产出端面临的难题

（1）农产品同质化。同质化问题分为两种：①类似产品之间的同质化。农产品品种多样，受众广，但不同农产品之间的可替代性较高，特别是在消费者没有特殊偏好的情况下，例如甜椒和青椒，消费者很容易选择彼此作为无差别的替代品，导致类似产品之间出现竞争关系，价格被压低。②同类产品互相竞争的情况，例如园区的莲藕种植，2013年以前，莲藕价格为2.5元/斤，销路很好，当时这边的旅游项目“十里荷画”收入可达10 000元/亩以上，因此，吸引农民纷纷种植莲藕，从而导致市场上莲藕供给大于需求。2017年，莲藕的批发价格下降到了0.7元/斤，导致了大范围的亏损，很多莲藕烂在地里都没有人去收。

（2）上下游产业链不完善。园区入驻的大多数企业都是农产品生产企业，少有续接配套的加工企业，产品深加工缺乏。虽然对部分产品而言，保持原汁原味和原生态是其很重要的卖点；但对于多数企业而言，配套的精深加工可以显著提升产品的附加价值，从而形成更加有效的增收渠道，这方面需要园区进行更加科学合理的规划。

（3）城郊旅游规划欠合理，配套宣传举措与服务措施不完善。①园区距离城区消费市场有一定的距离，且没有相应的便捷交通运输方式，原先拟开行的公交班次由于游客人数不多予以取消，这导致旅游吸引力下降。②企业宣传广告力度不足，除少数企业有较为雄厚的财力，通过广告的方式招徕顾客，多数企业限于资金，很少对自身生产的农产品进行外宣，这也导致外界对这些农产品的认知不足，企业产品销售依然困难。③园区休闲游玩项目名甚于实。园区内所建设的乡村旅游设施名目较多，如十里荷画、滑雪场、水果采摘园等，但实际上休闲元素包含不多，缺乏夺目的核心竞争要素。

3. 企业的政策依赖性

由于农业本身的弱质性和生产的季节性特征，农业企业的产出与回报曲线不同于工业企业和第三产业企业，明显体现出应对风险能力弱、适应市场能力弱的特点。农业企业在初创期往往需要政策扶持。但园区实际情况却显示，在初创期结束后，很多农业企业依然没有自身的核心竞争力，企业的盈利依然依赖于政策的保护或支持。

（三）针对性举措

1. 投入端难题的应对举措

针对劳动力“量”“质”短缺问题，可从“内”“外”两个方面着手。“内”即指依靠园区自身的劳动力资源，可采用的方案有两种：①政府和企业可以增加对农业劳动力的培训，增强他们的业务素养和工作能力；②企业可以开出更具吸引力的薪酬标准，吸引更高素质的劳动力前来签约。“外”即指吸引外界劳动力进入园区，补充园区劳动力缺口，例如，吸引在外的本地农民工返乡就业，吸纳周边地区的剩余劳动力进入园区企业。针对电力成本较高与不稳定的问题，政府应该合理规划园区电网，合理设计电价，对用电量大的企业给予适当的电费补贴，帮助企业降低生产成本。针对企业资金不足，政府应加大扶持力度，银行应增加贷款支持，企业自身应该开源节流，以渡过前期的资金瓶颈。

2. 产出端问题的应对举措

针对农产品同质化问题，建议园区管理委员会在企业间做好协调工作，避免园内企业间出现同业竞争的问题。此外，政府和企业应拓宽自身信息渠道，多方收集并且发布市场需求和行情信息，以期为后续农业生产做出正确的决定。针对上下游产业链不完善问题，建议政府针对性地引进生产企业之外的上下游产业链，完善农产品的精深加工，提升农产品的附加价值。针对城郊旅游规划欠合理，配套宣传举措与服务措施不完善这一问题，建议合理规划园区布局，完善园区内服务业相关基础设施，吸引游客前来参观游玩；此外，园区应和市公交公司协商开通定期公交班车，解决市民游玩过程中交通不便的问题。

3. 应对企业政策依赖性

针对园区企业还存在的较为严重的政策依赖特点，应对驻村企业采取造血性扶持机制。政府做好公共服务，信息传导，稳定基本的制度，变扶持为奖励，让企业自主根据市场行情进行决策，使得优秀企业能受到奖励，落后企业就随着市场被淘汰，保持园区内企业的质量，以保障园区的活力和员工的基本权益。企业的经营需要企业家才能根据市场环境审时度势，外部稳定的制度环境是基本保障，政府应该做好公平公正的为园区企业提供稳定的制度保证。政府和企业都做好分内之事，相信园区将有美好的明天。

四、园区访谈录之二：乡村变迁之近况

访谈对象：四川省遂宁市船山区永兴镇长五间村村支部　危书记；随机走访其他村民若干。

（一）长五间村农业发展现状

1. 传统农业被改造升级

长五间村村由典型的农业产业村升级为现代农业村。永和现代农业产业园以前，长五间村以粮食作物为主，例如水稻、玉米、薯类，种植目的是解决家庭口粮问题，同时换钱购买家庭用品，是自足自给的农业经济。建设了永和现代农业产业园之后，长五间村整个被纳入了园区，农业生产根据园区企业的规划作了调整，村内种植作物调整成为鸭间稻、蔬菜、牛樟、桑葚、果桑、食用菌类、丝瓜、黄瓜、火龙果、莲藕等经济作物。由本村地界上的四川百绿盛三生农业科技有限公司和遂宁市川粱农业开发有限公司全权负责，这些农业企业引入了较为先进的种养技术，加大了针对土地、设施的投资，雇佣本村的农户进行农业生产，对村里传统农业进行现代化改造，大幅改变了村内农业生产态势。现在村里大部分村民只留了几分地作为自留地，种一些瓜果小菜自己食用，其余土地已经完成了流转。

2. 一家一户小规模农户生产成本过高

传统小农户生产在新时代面临了新瓶颈。改革开放初期，家庭联产承包责任制，极大激发了农户的生产积极性。一家一户小规模经营，在新时代遇到了瓶颈。目前小规模农户进行农业生产很大程度上无利可图。当前农户大多种植经济作物和水果蔬菜，或者搞养殖，方可获得一定的收益。因此长五间村绝大多数村民都已经流转了土地，让企业来种地。

专栏1　园区农户种粮成本核算

村书记给我们算了一笔种粮成本账。以水稻种植为例，当前1亩稻田亩产约1 000斤稻谷，按1斤稻谷卖1.2元左右看，1亩稻田毛收入1 200元左右。每亩水稻生产的耗费为：①种子100元，②化肥100元左右，③农药20～30元，④耕地费200元，⑤机械收割120元（若换为人工，则为200元），⑥田间管理人工费300元，⑦除草等用人工2个，每个工100元，共200元；⑧移栽秧苗、大棚膜费用200元，上述8项成本每亩合计1 240～1 330元，这表明，不算租地的费用，单纯种植水稻已经处于亏损40～130元的状态了，即使算上国家的种粮补贴，每亩137.22元，也才刚好够本。这还是好年成的情况；如果遇到干旱，需要灌溉，还有灌溉费用，这样没有任何利润可言。所以，若非国家对粮食生产予以补贴，现在生产粮食是亏损的，故园区内农户很少种植粮食作物。

（二）长五间村农村变迁情况

1. 家庭收入来源变迁

村民的主要经济来源出现了多次变化。20世纪八九十年代之前，大家都是务农为生；在20世纪八九十年代，村里有些眼光比较长远的村民开始三五成群地去沿海打工、经商，开始出现了不依赖农业生活的人家，也就是依赖打工赚取的收入生活；这一趋势在2000年后越发明显，现在村里的年轻人大多数都出门打工了，只留下了五六十岁的老年人留守村里的一亩三分地，种点地，守着老屋，打工收入在村里农户的收入中占到了越来越大的比重。2014年，长五间村被划入永河现代农业产业园区，企业开始入驻，租地进行农业生产，留守的村民们被重新雇佣从事农业生产，大家的干劲也挺足，收入也多了起来。现在一户的收入主要由打工收入、工资收入、租地收入、政府补助组成，打工收入还是主要的，但工资收入也开始变得比较重要。不过，这依然没有改变村里年轻人出去打工的趋势，农村老龄化依然没有逆转。

2. 乡村交通条件变迁

十几年前，通过永兴镇长五间村的道路只有318国道，当时班车很少；此外，村内的道路都是泥路，一旦下雨就泥泞不堪，故出行非常不便。1997 年，达成铁路通车，结束了遂宁市没有铁路的历史，沿途设置了遂宁火车站，为村民外出远行提供了便捷的方式；2002 年，成南高速公路通车，遂宁对外联系更加密切，但村内的交通设施依然没有改观。2012 年，永河现代农业产业园一期工程建设拉开序幕，园区内各村的道路基础设施建设终于迎来了翻新，村内道路完成了硬化率 100% 的指标，还开通了促进农业发展的农环线，有力促进了长五间村与外界的联系。

3. 村容环境卫生得到改善

从前村内的环境卫生极其脏乱差，没有统一设置的垃圾桶，只在街头有几个零散的篮子，权当垃圾篓，此外村民的生活垃圾往往堆砌在村里的山坳处，久而久之形成了垃圾堆，臭不可闻。从新农村建设开始，政府投入大量资金，对村民修缮房屋进行补贴，使得村民的居住条件得到了极大改善。政府还建设了村内的垃圾处理站，设置了统一的垃圾桶和垃圾放置回收点，改善了村容；长五间村卫生室得以建立，健康扶贫工作逐步开展，极大改善了村民的生活居住条件。经过多年的努力，乡村的生活和谐，乡民淳朴，乡风文明，村里很少发生大的争执，村民与驻村企业之间的关系也很融洽。

4. 城乡关系变迁

在从前，离遂宁城虽然只有一二十公里的距离，但在村民的心理上却是鸿沟般的距离。其原因有二：①是因为从前交通联系不便，进城一趟路费开销不小，非常不容易。②是更深层的原因，是心理上的距离，彼时中国执行严格的户籍制度，离开住所去外地都需要开具介绍信，城市中的福利、待遇与乡村的条件不可同日而语，这导致城乡之间的隔阂非常大。后来，1985 年，我国实行身份证制度后，城乡之间的交流逐渐频繁起来，但城乡之间的制度性隔阂依然没有完全解除，相反由于城市经济发展的优势，城乡之间的人均收入差距越来越大，大量农户放弃农业户口，想尽办法转为城镇户口。以 2006 年成都和重庆设置同城城乡综合配套改革试验区为契机，地方政府开始了弥合城乡鸿沟的努力；加之 2004 年国家开始发放农业补贴，2006 年国家取消农业税，城乡之间的收入差距开始逐步缩小，农业户口也变得越来越收到重视，现在依然持有农村户口的村民中，还希望“农转非”

的人已经很少了，农民对农村户口更加珍惜。一方面进城买房享受城市的基础设施，另一方面可以保留农村户口，得到应得的补助，农村户口似乎显示出优越性。

专栏2 区内村民对现代农业产业发展与小农对接的认识

一方面，村民和村干部认为驻村企业带给农村和农民诸多福利：①经济增收效应明显。以土地流转费为例，每年每村约可收入160万元，折合每位村民约1 000元/年。企业联系外界频繁，农产品销售带来的广告效应有效激活了村内经济发展，也促进了农家乐等第三产业副业的发展，增加了村民的收入，提升了村民的生活水平。②就地解决剩余劳动力就业问题。村民就业培训增加，企业为村内劳动力人力资本积累做出了贡献。2012—2017年，村内企业通过这种方式帮助员工增收100万元/年以上。③基础设施建设加速推进。例如，驻村企业的进入加速了渠道、灌溉沟渠等基础设施的建设，有效提高了农业生产的效率。综上所述，企业来农村办厂，助力农村经济的发展，切实提升了农村留守人员的福利水平，展现了剩余劳动力的价值，活跃了村内经济，传统小农被现代农业升级改造，农村实现经济发展和村民生活水平提升，是时代发展的规律。因而村民对驻村企业基本都持积极的态度，非常乐意企业继续在村内长期发展，希望党和政府多给驻村企业一些政策支持。村民和企业之间几乎没有大的矛盾。

另一方面，村民和村干部认为目前驻村企业发展也存在不足：①企业缺少长期战略规划。企业对农产品市场规律掌握并不准确，简单依据当年市场价格决策下一件种植作物种类，从而使得面临的市场风险增加，易致亏损。②部分项目设计不合理。如“十里荷画”项目，其实属于硬性打造的景点，没有配套设施，导致景点中看不中用，容易造成广告宣传名不副实的不良影响，从而减少旅游带来的价值。③企业上下游产业链尚未成型。部分企业没有较稳定的客户资源，市场开拓能力不足，导致产品销售困难，缺少深度加工企业来提高产品附加值。④乡村振兴面临的问题。乡村振兴面临村内人才不足、人口老龄化、管理人群老龄化的弱点。

五、调研总结

现代农业产业园是在规模化种植和养殖的基础上，通过“生产＋加工＋科技＋流通”等一系列环节，聚集现代生产要素，创新体制机制，从而形成的农业现代化建设水平优先的发展平台。四川省永和现代农业产业园经过数年的发展，已经产生出一定的规模效应，给园内农业农村的发展注入了新的活力。但现代农业产业园的发展依旧面临诸多问题与挑战，如上文所言，这些挑战不仅包括园区企业劳动力、能源等投入方面的困难以及产出同质化、产业链不完善、发展规划不合理等问题，更深刻的隐忧体现在园区发展过多依赖政策扶持，依然缺乏自持能力。因此政府在加大对产业园支持力度的同时，要将扶持资金、优惠政策落实到切实增强园区现代农业产业的自我发展、自我提升能力等方面。推广造血式扶持机制，帮助园区企业制定战略性发展规划、培育“走出去”的发展视野，增强企业自身活力和创新能力，杜绝一味“吃、靠、要”的发展模式，如此方能实现现代农业产业园区的可持续发展。

资源困境：西南地区农村“三农”问题调研纪实

汪武静*

到2035年，乡村振兴取得决定性进展，农业农村现代化基本实现。农业结构得到根本性改善，农民就业质量显著提高，相对贫困进一步缓解，共同富裕迈出坚实步伐；城乡基本公共服务均等化基本实现，城乡融合发展体制机制更加完善；乡风文明达到新高度，乡村治理体系更加完善；农村生态环境根本好转，美丽宜居乡村基本实现。到2050年，乡村全面振兴，农业强、农村美、农民富全面实现。

——2018年1号文件《中共中央 国务院关于实施乡村振兴战略的意见》

2017年7月3—29日，川渝调研分队以“三权退出”为主题，进行了为期27天入户调研。调研团队一共走访了重庆梁平、四川温江和四川泸县等三地，每个县选了2个镇，每个镇选了4个村。笔者作为调研员之一，大约走访了120户村民，每份问卷大概需要50分钟。由于问卷设计比较细致，若遇到比较善于沟通的农户，笔者便会深入交流，以便了解更多“三农”现实情况。通过大样本调查，整体感知到川渝地区“三农”的一系列问题，与人多地少的资源禀赋状况息息相关。为了更好地论证“人均土地资源禀赋”与“三农”问题的相关性，笔者进一步选择了自己的家乡——一个西北地区人少地多的村庄进行对比分析。在创造能力远远小于以色列的中国农村地区，人们赖以生存的承包地、

* 汪武静（1985—），女，甘肃民勤人，中国农业大学2016级博士研究生。

四荒地、宅基地、建设用地等土地资源禀赋，与各种复杂的“三农”问题交织在一起。

一、人多地少的川渝地区“三农”问题较复杂

（一）川渝地区人多地少的土地资源禀赋状况

川渝地区的土地资源稀缺。耕地资源主要包括“田”、“土”两种类型。其中“田”是指水田，一般都用来种植水稻，细碎化严重，丈量单位是“条”，其中5条为1亩，笔者访问的农户中，大概户均10多条“田”（即2亩），分成3～4块。由于所调研的川渝地区交通比较方便，而且有社会化服务，种“田”费工少，大部分被访农民认为每亩“田”最多用6个工就可完成，种田不耽误农民干别的工作，因此会把仅有的一点“田”都抽空种起来。“土”是指山坡上的旱地，主要种植玉米、花生等农作物，细碎化更严重，以“丈”为单位，其中60丈为1亩。被访对象中，户均15丈左右，由于“土”的播种、除草、施肥、打药、收割等环节全靠人工，尤其上山背玉米、土豆等的劳动强度高，花费时间多，因此90%以上的受访农户，将10多丈的“土”资源全部抛荒。可以看出，西南地区户均2亩多田土，种地用12个工以内。显然，种田土，早已不再是农民的本职工作。现代社会农村家庭基本生活靠种2亩田土已无法支撑，大部分农民只是因为在城市收入预期不稳定，或者家庭开支过大，抽空给自家种点口粮、蔬菜，节省一些生活开支。此外，所调研区域中，大部分农村兼业机会少，闲暇时间多，大部分农村家庭尽可能利用少量的田土资源，维持好基本生计状况。然而，对于举家外出的农户家庭来说，种粮食收入很低，且没有大型的企业来承包田土，他们会将承包地免费给熟悉人种。总体感觉是，在西南农村地区，想种“田”的人非常多，现实却是户均“田”极稀缺，只有极少数社交关系较好的人，才有可能获得一些“彻底离农农户”的耕地资源。在笔者调研的120户农户中，只有梁平龙门镇的一户农户种了10亩有机稻，是笔者访问的最大规模种植户。总之，所调研的川渝地区农村人多地少，人均土地资源非常少。

（二）川渝地区农村兼业机会非常少

农村盖房是容纳农民非农就业的主要职业，但近年来这种机会也越来越少。目前，宅基地上盖房不能自由变现，但对于部分农民来说，盖房依然是获得感的一种体现。在笔者访问的120户农户中，大部分农民在当地主要靠帮附近的农民盖房，小工收入为60～80元/天，有技能的大工120元/天。尽管工价不高，但家门口这样的兼业机会并不容易获得，大部分无法外出打工的人只能闲着。前几年，社会整体经济发展势头好时，就业机会比现在好很多，因为很多农民通过外出打工挣钱，然后回家盖房，这种需求为本乡人提供了一些就业机会。农民在建造农村住房的兼业工作大概有3种：第1种为帮助部分自建住房的农民做一些打杂小工工作，自建住房的原因主要是户主有盖房特长的手艺，或者是为了省钱，因为组织自建购房，自己需要做很多工作，花10万左右；第2种为在固定的农村建房承包队中长期供职。在农村，部分农民会把盖房的大部分任务承包给工程队，花费20万元左右。个人加入固定的工程队，找到工作的概率会提高。第3种是向那些盖高档住房的农户家承包部分家装小工程。例如四川温江地区，富裕农户盖房能花60多万，部分农户根据自己的特长，承包一些装修等工作。

近年来，随着经济进入新常态，在外打工收入减少，农村建房并不能给回乡的农民工提供太多的兼业机会。据农户反映，2017年，若个人全年能兼业打工3个月，就非常知足了。笔者在走访农户时，经常会遇到这样的场景：在农村豪华气派的住房中，一群40多岁的青壮年正在高兴地打牌、打麻将，喝茶，抽烟等；茶馆、麻将馆中时不时总有一群青壮年消遣。

尽管调研地区交通便利且劳动力充裕，但工业企业非常罕见。在16个村随机走访中，笔者只遇到一个很小的轻工业投资点，坐落于泸县玉蟾街道嘉明镇的一个村庄内，由福建人投资，生产车间大概20多平方米，为本村提供了8个工作岗位，每人1 200元/月，主要工作为批量加工坐垫。笔者随机访问了3位工作人员。第1位女士29岁，共生育3个孩子，一直没外出打工，家中生计主要靠其丈夫做空调安装技术所获得的收入；她的公婆50多岁，身体健康，工作愿望强烈，但找不到合适的工作，只能在家耕种2亩“田”和10丈左右“土”，为家里提供食物，节省开支，全家感觉到生活压力很大。第 2 位女士 40 多岁，一直外出务工，由于家中老人和孩子需要照顾，不得不回乡，她身体健康，思路清晰，强烈希望有一些加工企业来他们村投资建厂，盼望有更多机会发挥自己的智力和体力优势。第 3 位女士身体孱弱，几次外出打工，均因无法适应外地的水土而返回家乡，她更加珍惜家乡仅有的劳动机会，也急切希望在家乡有更好的工作机会，目前家人生病，当前的收入勉强度日。此外，在泸县嘉明镇格林湾村的访问中，笔者见到一位在北京打工多年的坚强女士，47 岁，返乡照顾病重的母亲长达 2 年，料理完母亲的后事后，她感觉外出打工可能找不到合适的工作了，但在家乡也没有工作机会，她便考虑在家张罗着做些小生意。笔者访问时，她正在张罗着开凉粉店，但感觉人流量太少，担心凉粉销售不出去，非常着急，并且四处打听，准备再开个饭馆试试。此外，笔者在云龙镇访问到一位 43 岁的女士，前两年一直在重庆一户银行职工家当保姆，聪慧、勤劳，深得雇主喜欢，每月工资 3 500 元，有时还会拿到一些奖金。然而，当她发现家中老人教育孩子的方式有很多问题，不得不返乡亲自照顾孩子。村里没有工作机会，家里又无其他收入来源，为了生计便批量购买了 4 000 元的夏天半袖衫，在村里销售，但一个多月的时间，一件也没卖出去。

可以看出，人口众多的川渝农村地区，有强烈劳动致富愿望、各方面素质比较好的劳动者非常多，蕴藏着较多的人力资本。由于人均资源过少，无法引来相关投资，非农就业机会稀少，导致多数人赋闲在家。

（三）川渝地区农村农户异质性分化程度较高

川渝地区农户分化异质性程度较高。就农户分化，文献里探讨比较多。目前使用最多的标准为《中国农村经营管理统计年报》中的分类：纯农户、农业兼业户、非农业兼户和非农户。川渝地区小农户异质性分化程度更高，结合调研感受，笔者将川渝地区的农户分为 5 类：养老型农户、养老金保障型农户、家庭农场户、专业大户、普通兼农户。

养老型农户：这类农户有进城购买房屋、支付各种生活开支的能力，但喜欢农村闲适舒适的生活环境，积极准备房屋，回农村老家养老，期望退休后在家乡享受闲适的生活。这类农户早年已经在城市买房，对自家承包地已不再留恋，流转或免费给邻居家种，不太在乎租金，但对于自己的宅基地还是很在乎。对于养老型农户来说，当收入高过一定值之后，农村清新的空气资源、优美的居住环境，闲适的生活氛围，新鲜健康的食物、宽敞的住宅将成为更加稀缺的资源，他们是坚决不愿意离开农村的群体。

案例 1： 重庆市梁平县云龙镇的一位货车司机，47 岁，初中文化程度，在福建开长途汽车，每月收入 7 000 元，妻子在福建一家制鞋厂做管理工作，每月 3 300 元。夫妻俩育有一儿一女，儿子 25 岁，初中毕业后就跟父亲一起干货车生意，目前每月 5 500 元的收入，女儿正在上初中，家庭三个劳动力都有城市养老保险，同时，在重庆已经购买了城市住房。该户主虽然收入高，但考虑到开大货车的年龄限制和风险，不愿意在福建买房落户，而是花 30 万把农村老房子翻盖成 2 楼 1 底，装修豪华，准备退休后回老家养老。户主并不喜欢城市生活，认为到农村养老，享受闲适的生活才是自己的追求。自家的 3 亩承包地已经交给村集体统一承包，虽然因为老板跑路等问题很生气，但那点租金不会对他家生活造成任何影响。

案例 2： 温江地区万春镇的一位村民，45 岁，常年在全国做建筑管理的工作，年收入 30 多万，见识广博，谈吐不凡，虽然有能力举家搬迁到城市生活，但认为温江郊区空气清新，环境优美，愿意享受闲适的生活。目前，希望自己家的宅基地能扩大，建设超级舒适豪华的别墅。由于他家到温江市中心开车只需要 20 多分钟，他的孩子们上学都很方便，对城市没有硬性需求，因此，他不愿意在城市买房子，觉得自家的宅基地上修建的房子最舒服，将来养老一定要回来。

养老金保障型农户： 川渝地区有一些 60 岁以上的农户早已不再种地，充足的养老金让他们能够享受美好的生活。以前国家征收该地区农村集体用地时，会提供部分城镇职工养老保险指标，通过抓阄等办法，有些幸运的老人享受了每月 1 000 多元的养老保险，这些老人在农村生活，有质量较好的农村住房，有养老金这种持续流动性资金收入，不用再种少量的“田土”，就可以生活的非常充裕。这类农户可称之为养老金保障型农户。虽然这类农户数量不多，但生活水平远远高于只有农村养老保险的农民，对推动人们思想观念由传统转变为现代，有非常重要的作用。

家庭农场户：部分农户在农村通过流转土地，扩大规模，以农业收入为主。家庭农场户基本在偏远的农村，相对来说，土地资源禀赋稍微多一些。这类农户由于年龄问题，无法在城市找到合适的工作，在村里人品较好，可以通过流转本村人的土地，多种“田土”，利用销售农产品的收入来维持家庭基本生计。这类农户一般处于50～60岁的年龄阶段，身体健康，能够承担较繁重的农业劳动，同时又无太多兼业机会。因此，想成为稍有规模家庭农场户的农民很多，但“田土”资源太稀缺，喜欢种地的能手不可能有机会释放种稻田的本领。西南地区人口过多，承包地非常细碎化，再加上目前并没有土地成员权有偿退出的政策通道，使得家庭农场户较少。

案例3：我们调研的重庆梁平县龙门镇比较偏远。被访对象中，有一位56岁的户主，2017年种了10亩有机稻，与公司合作，价格高于普通稻米；他家有4亩承包地，由于他在村里经常帮助别人，因此有几户外出的农户就免费将6亩承包地流转给他家。经过他的精心种植，这10亩有机稻可以收入1万元/年，这个收入能维持农村家庭的基本开支。由于西南地区人多地少，这户算是笔者访问过的种植规模最大的农户。

专业大户：这类农户主要采用承包地经营经济作物，尤其在四川温江地区苗木大户种植较多。这类农户对市场信息敏感，能及时掌握市场行情。会带动家庭成员按照市场需求经营苗木，同时根据市场行情来调整种植面积。四川城市化快速发展，温江地区区位优势等条件为专业苗木大户出现提供了很多机遇，同时也不断推高土地租金。目前，土地租金已达到2 500～3 000元/亩。在访问中，听一些老人讲，以前温江主要种植水稻，不愿意种了的部分农户就把“田”免费给邻居家种。后来有老板过来以300元/亩的租金承包了村里几家人的地来种植苗木，在城市化生机勃勃发展的阶段，苗木有非常好的市场，稍微名贵一些的苗木，一棵就可以卖到十多万的价格，因此，村里人开始也学着自己种苗木，土地不再租出去，土地资源非常稀缺，因此租金不断上涨。调研区域除了苗木大户外，还有一些种粮大户，但由于粮价下跌，租金提高，租地老板跑路，这类大户没有稳定产权，稳定性较差。

案例 4：张先生家在家门口种了 4 亩苗木，同时经营收购苗木赚差价的生意。前两年行情好的时候，他家曾经以 6 万 / 棵的价格出售过苗木，因此获得了不菲的收入。这两年由于本村附近租金太高，张先生跑去偏远的地区，以 1 800 元 / 亩转入 20 亩地以种苗木。目前家庭纯收入超过 30 万 / 年。儿子 27 岁，当兵复原后，和他一起种苗木和做苗木生意。张先生花费 80 多万元，在农村宅基地上盖了豪华房屋。张先生全家喜欢享受农村清新的空气和闲适的生活节奏。因此，虽然他早已在温江城区购买了住房，但全家并不想去城市生活。27 岁未婚的年轻儿子说："我非常喜欢目前的生活状态，结婚后依然想生活在农村，城市的房子宁可空着。"

普通兼业户：调研区域大部分农户都主要以非农收入为主，由于收入的稳定预期较差，同时思维路径依赖使得大部分村民对原来的生活有眷恋之情，从而会选择抽空种上家里仅有的"田土"，一方面可以节省家庭食物开支的费用；另一方面，在艰难前进的生活轨迹中，找一些心灵上的归属感。

案例 5：张大姐是一位思路清晰，手脚麻利的女士，但她爱人生性有点木讷，不善言谈，只会干些粗活。在非农收入占主要地位的时代，男主人几乎没有本领承担养家的任务，为了养育家中 3 个孩子，张大姐前几年持续外出务工，在重庆市找到一份保姆的工作，3 500 元 / 月，用这个收入，可以覆盖家庭的各项开支，与此同时，由于张大姐为人正直，做事利索，深得雇主的喜欢，每年都会得到雇主发的奖金。即便在这样的条件下，每到农忙季节，张大姐总会向雇主请假，以 120 元 / 天的工资为代价，回家亲自种她家的 3 亩稻田。47 岁张大姐认为庄稼是自己的本分，因此愿意付出较高的代价来维护自己的本分。

(四) 川渝地区养老医疗问题较多

西南地区独生子女政策以及农村孩子教育不足可能和目前农村养

老问题相关。所调研的重庆梁平市、四川成都市温江区、泸县三个地方，计划生育工作到位，90% 的人家只有一个孩子。同时，独生孩子通过接受高等教育而彻底城镇化的人数低于 10%，调研农户中，大部分家庭的孩子初中毕业后就选择外出务工，也有不少家庭的孩子小学未毕业就外出务工，很难有足够的能力实现彻底离乡又离土，生活压力大，很难有足够的能力来赡养晚年的父母。因此，所访问的大部分没有得到城乡居民养老保险的老人，因体力不支，无法种地，还是非常可怜。

案例 6： 受访的两位老人都 72 岁，都已无法从事较繁重的农业劳动。家中有 60 平方米的平房，是一个厨房和卧室的套间，卧室放着一张高低床，厨具、农具等放在外面的客厅里，显得有些拥挤。两位老人收入较低，只有农村养老保险 200 元 / 月，是老两口可稳定获得的收入。此外，家中有 4 亩地，已转出给老板种莲藕，若老板按期支付，每年可获得 800 元租金，但 2017 年由于老板跑路，租金似乎已经拿不到了。儿子一家长期在外打工，小家庭的日子也过得捉襟见肘，也只有在逢年过节，才能给老两口 100 ～ 200 元的零花钱。经济的压力，对未来的担心，让两位老人对生活比较绝望，他们非常担心自己的晚年生活。

被访区域的农民身体健康状况较差。笔者访问的 120 个农户中，有“生病成员”的农户家庭大概占 30%。例如食道癌、肾结石、工地摔伤、常年卧床等多种疾病。人们因为种种矛盾纠结、痛苦。例如，①重庆梁平龙门镇一个村书记得了食道癌，受访的妻子痛哭流涕地讲述，她的丈夫为了给村里征地修路，想了各种办法，做了大量的工作；为了平衡大家，把自家仅有的承包地让给了一家一直不同意被征地的村民家，举家鞠躬尽瘁地为村民做事，但还是遭受村民的误解。现在丈夫得病，需要和死神对抗，大家依然都不说一句好话，感觉到心寒。②常年在北京打工供养上有老、下有小的家庭的张先生，2017 年发现得了肾结石，不得不住院做手术，花了一万多元的医药费，同时需要修养一年多，也失去了工资性收入，另外，妻子需要照顾老人和孩子，无法外出就业，疾病导致整个家庭突然陷入困境。③云龙镇的一户人家，男主人长期在广东做建筑工作，每月5 000元，本来生活非常好，但一次不小心在建筑工地上作业时摔断了腿，手术后在家休息两年多，工地只给了3万元的手术费，别的一概不管，家庭美好生活的希望从此破灭。在大样本调研中，这类在建筑工地上受伤而失去劳动能力的人数并不罕见。④还有在外面打工，突然发现得了慢性病的农民不得不回乡休养等。在挨家挨户访问的过程中，笔者经常会碰到这样的情况：好不容易找到一个表面上很健康的人进行调查，后来发现，这个人也是个慢性病患者，充满了担心和焦虑。新农合似乎对一些大病报销程序比较简单，但对一些小病似乎没用。大部分农户反复说，每年要交140元，但打到卡上的数额只有80元，剩下的60元不知道去哪儿了，更可气的是，原来买药没有报销，可能花20元，现在同样的药报销完，最少要花30元。由于普遍收入都低，且对保险的基本概念和知识不了解，加上可能有相应的利益主体从中作梗套利，部分正规医院的药价可能整体提高等问题，导致一些村民对新农合意见很大。目前人口众多，养老问题和医疗问题似乎是川渝地区村民比较头疼的事情。

（五）村民似乎对村干部有意见

据了解，村干部一般都是返乡的能人，是更优质的人力资本。例如云龙镇一个村子的村支书是退伍军人，干事雷厉风行；泸县一个村的书记是大专毕业，考上公务员，但没去入职，而是选择当了村长等。相对于村里其他人来说，村干部能力普遍比较强，把握信息、资源的能力远高于普通人，收入也远高于普通村民。大概有50%的被访村民反映村干部作风有很大的问题，涉及最多的问题是村干部在“低保户”选择上不公平。一般情况下，只要是村长的亲戚，不论贫富都享受低保，但村里真正困难的人却没资格申请到低保。另外，外出务工的人，收不到国家发的“粮食直补”；村干部占了农村建设用地盖房子，并且出售获利；村干部克扣国家发过来的各种补助等问题。调研过程中，遇到不少被冤枉情绪充斥着想去上访的村民。每个人都在追求内心那份公正，在生活的重重困难重压下，当人们内心失衡，同时又缺少合理的渠道加以纠正可能被歪曲的事实，不管是否属实，村民经常被一点点小问题激怒，很容易把村干部看成矛盾的焦点。在流动性较大的农村，监督缺失，信息不公开不透明，公平公正的管理农村并不容易。

二、人少地多的西部小村"三农"问题较简单

（一）小村基本资源禀赋概况

笔者家乡在甘肃省民勤县一个偏远的农村，现有9个村民小组，234户，居民1 265人，人均耕地8亩左右。目前，该村正在大力推进"设施农牧业＋特色林果业"主体生产模式。发展特色林果业3 700亩，其中枸杞3 028亩，红枣672亩，主要种植食葵、玉米、西葫芦，尤以食葵出名，颗粒饱满，色泽鲜亮。相对于广袤无垠的大地，小村显得更小。平地一望无垠，向南向北向东向西走，要么会碰到长满庄稼的良田，要么会碰到长着野生草本植物的荒滩，要么会碰到长满枣树或者沙枣树的树林，走很远很远，也不会见到人烟。天空很蓝，火烧云几乎每天都变着花样在天空表演，干活的村民几乎每天都会欣赏"大漠孤烟直，长河落日圆"的壮观景象，边际效用几乎为零，也就不稀罕了。由于"村村通"等项目，村子2014年时修了一条通向镇上的柏油路，开车到镇上需要半个小时，这也是唯一一条通向现代文明的大道。工业化、城市化、全球化的浪潮在这里似乎来得慢了一拍，大部分85后才急迫地出去打工，求学。20世纪90年代，当大江南北发生着翻天覆地的变化时，我们村里偶尔有幸运的人通过考学在城市定居，大部分人一直在这里持守着家乡的土地，过着似乎与世隔绝的生活，对外面的变化了解甚少，也不过问，似乎一直恪守着祖先逃避战乱而养成的习惯。与笔者同代的人，从小到大，学费全都靠父母从事农业生产所得。笔者家姐弟3人，从小学到大学，所有的学费都是父母用小型机械种将近80亩地的劳动所得，因此，没有因付不起学费而中断学业。到目前为止，虽然搬迁移民占了本村一部分土地后，但村里依然还剩了很多耕地，人均耕地8亩，耕地地力肥沃，各种作物长势喜人，单产也较高，如果水资源不受限制，则农业生产力比较强。

（二）农业投资较多

比较优越的地理条件和广阔土地面积吸引了一些投资。由于村里的地貌和气候与新疆、宁夏非常相似，本地农产品享受了新疆和宁夏农产品的品牌溢出效应。枸杞品质堪比宁夏中宁；黄河蜜瓜、葡萄和大枣等品质也不亚于新疆产品。目前，宁夏中宁的老板专门到此地投资种植枸

杞，以500元/年的租金流转了村里800亩地。本村人不仅可以赚到租金，由于摘枸杞的工作主要靠人工，每当摘枸杞的时期，大家都去打工挣钱，平均每天可收入150元，摘枸杞最少需要一个月，当月可以稳赚4 000多元。值得强调的是，摘枸杞的工作老少皆宜，偶有一些年龄较大的老太太去干活，也可挣到可观的零花钱。

（三）农民就业机会多

目前，村民小组内平均每户两个劳动力，种30亩地，主要种植玉米、葵花、小麦和产籽南瓜。由于较完善的社会化机械服务，所有农活加起来，一年只需要40个工。大部分时间，人们都是给种植大户、家庭农场打工，大户们承包了几百亩地，有的专门生产玉米种子，有的种蔬菜，有的种黄河密瓜，有的种葡萄、枣、枸杞等，需要大量的人工劳动。不同农产品老板在要素市场上竞争，劳动力要素市场似乎是典型的卖方垄断。青壮年劳动力，几乎每天都在劳动，老板如果人品不过硬，肯定会被老乡们无情抛弃。工资150～200元/天，人们非常忙碌，只要不是非常要紧的事情，请不要打扰要去打工的村民。妇女们有一句话“不要打扰我打工”，家庭的男主人和女主人每天都在争分夺秒的打工，直到冬月。

笔者家所在的村民小组共有31户人家，120口人，上过学的人大约不到20%，大部分人目不识丁，想法简单，只是熟练的农业劳动力，因为用工量大，农业劳动力稀缺。一般情况下，第一天晚上便有人电话联系村民去哪里工作，第二天一大早，青壮年们骑着电动三轮车，拉着需要的工具就直奔过去。大家一起劳动，一起调侃，心情极其愉悦。另外，每天晒足够的太阳，阳光充足，干完活领了当天的工资，获得感十足，高高兴兴回家吃饭，不到十点就进入深度睡眠，使得小组内的男女老少几乎不生病，偶尔头疼感冒，晒晒太阳就过去了。在老乡们看来，那些市场风险的事情交给智商高的人去琢磨，咱老乡不认识字，也不用考虑那么多，天天用劳动挣钱，不偷不抢，有尊严的活着，比什么都好。女性和男性同工同酬，一些采摘工作，女性甚至比男性挣得钱更多，使得村里女性在家庭中的地位非常高，家庭矛盾非常少。

（四）村民纠结的矛盾较少

较高的收入、愉悦的心情、健康的身体，以至于村民们对各种琐事不闻不问。由于工作机会多，委屈和闹事的机会成本高，村民们似乎能够包容很多看似不公平的事情。邻居家叔叔在干农活的路上不小心摔着了胳膊上的桡骨，住院花费了 1 万多元。按照新农保的规定，这种情况可以报销 7 000 多元，但由于村卫生室的医生不小心开错了证明，导致全部自费。叔叔的儿女觉得很委屈，准备去卫生室要个说法。叔叔的妻子却说，“既然已经开错了，找麻烦耽误打工时间，自己不识字，做事情很困难，与其做些没用还生气的事情，还不如高高兴兴去打工，两个多月这钱就挣出来了，不用计较。”如果为了一点小事情去上访，大部分人绝对不干，太耽误打工了。一位不幸丧偶的 40 多岁的女士，因为有机会打工，也就有能力继续支撑家庭开支，悲伤并没有阻挡她干活的道路，在干活中她挥汗如雨，忧郁和痛苦的情绪很快就散尽了，她很快重回乐观积极的状态。似乎小村的农民，没什么委屈，想法单纯，较多的就业机会，较高的收入和较满足的获得感不会让不幸的人变成“祥林嫂”。

（五）养老问题似乎比较简单

60 多岁的老人，高高兴兴做些轻松的农活挣零花钱也比较容易，子女们不用汇钱，他们在希望的田野上走走就完全能养活自己。有些老人喜欢捡野生黑枸杞，晾晒好，外地的儿女以 600 元 / 斤的价格在网上出售，卖出去十斤，就完全够老人们零用。另外，规模种植老板会大方的馈赠老人很多食物。比如，在蔬菜基地的老板馈赠一些品相不太好的蔬菜瓜果给大家；当枸杞按照生长规律摘完规定的次数后，一般还会在树上剩下不少又大又红的果实，老板会让村民们自由采摘。由于人口稀少，几乎家家都会晾晒大量枸杞，寄给在外奋斗的儿女保养身体。还有林场的酿酒葡萄，销售期结束后还剩很多不再出售，村民可以开车自由采摘，吃不完的晾成葡萄干。枣老板、哈密瓜老板也会馈赠相应的食品。老人们在一起干一些力所能及的活，每天有说不完的话，愉快健康，食物丰富安全，充分享受现代农业带来的各种福利，子女们放宽心在外面拼搏，不用太担心父母。

（六）为了给后代创造更好的生活条件而战

小村的农民不愿意当“低保户”。丧偶者只要有双手，就能养活家庭。大部分人觉得当“低保户”是一种耻辱。记得笔者母亲讲过一个故事，笔者家所在村民小组，曾经得到过400元的扶贫款项，由于村民小组没有单身光棍和过于年老的可怜人，村干部甚至不知道把钱发给谁，组长很为难，转了一圈，最后准备给有两个孩子正在上大学的一户家庭。但那家女主人拒绝了，她认为领了那点钱，在村里背着弱者的称号，被人笑话，心里不舒服，所以坚决不要。小村里似乎不存在因低保户而闹矛盾的事情。

这里的人们对住宅需求较少，集中联排居住，格局都很相似，几乎每家都有一亩大的宅基地，分三个院子，居住在大院子，农机具占一个小院，家畜占一个小院，门前屋后还有几大片菜果园子。2000年初，家家的砖瓦房都基本修建好，现在很少有人把大笔的血汗钱用来建房。每家的劳动力差距较小，勤劳的氛围带动下，同质性高的劳动力展开了收入竞争，30多户家家都比较勤快。因此，村里贫富差距较小。目前，挣钱的主要目的是支持儿子成家立业。一方面因为适龄女性资源少，彩礼太贵，另一方面城市的房价在不断上涨，大部分村民都需要大笔的资金帮儿子在城市立足、买房，竭尽全力帮助儿子在城市站稳脚跟。

（七）更珍爱工作机会

老乡们似乎更加珍惜在家门口打工的机会，自己种的30亩地，分成10多块，需要操心播种、施肥、灌溉、打农药等工作，细碎又耽误工夫。另外，决策复杂，选择复杂的品种规避风险，还会因气候原因减产。更令人无措的风险，是在收获晾晒季节，天偏偏要下雨，影响农产品卖相，出售困难，最终血本无归。因此，有的村民感觉到自己容易决策失误，种地纯利润太低，就将土地全部流转出去，挣租金和工资更稳妥和省心。当然，若有土地成员权退出政策通道，不少人可能会做出更理性的决策。总之，由于人少地多，人均资源多，在这个小村，即使目不识丁的村妇，依然有能力愉快自信的养活家庭，收获了自尊和快乐。

三、西南地区小村和西北地区小村对比分析

（一）对比分析

20世纪90年代，西南地区就积极进入工业化、城市化、全球化。

农村劳动力过多，大部分劳动力去沿海地区打工，在时代大潮的历练中，不同地区打工的村民人力资本的差异化在不同平台上显现出来。人力资本质量高的人，很快致富，在城市购房、落户，而人力资本质量普通，没有能力购买城市房屋和落户的人，选择打工、省钱，然后回乡盖房、安家，再出来打工，成为“两地栖息”的打工群体。当然，高能的人力资本对家乡资源和机会也是时时关注，会趁机在家盖高档而没人住的房子，以获得奋斗多年的成就感。农业被边缘化的程度很高，很早已变成一份乡愁所寄托的地方，家里为数不多的2亩地早已交给邻里去种。虽然起步早，但似乎西南地区城市化的速度比较慢，农村还有大量人，人均耕地面积非常小，农村没有工业投资，村民工作机会少，虽然大部分人健康、能干、有强烈致富意愿，但较少的人均土地资源禀赋让人力资本无法伸展手脚，没有好的就业，人们收入低，就会把旺盛的精力放到各种繁琐的事情上，影响了心理健康和身体健康，进而引发低保不公平分配、新农合报销等问题上，或者是纠结在不公平的事情上，应对不幸的能力低，痛苦似乎很多，社会矛盾似乎很多。真正实现城镇化的人口太少，即便有能力在城市立足，但没有相应的退地退宅政策通道，使得一些人离农离乡不离土，大量耕地无人耕种，稀释了在农村挣扎人的自然资源。

由于西北小村较偏僻，2003年以后才缓缓进入城市化，起点较高，似乎顺其自然步入了健康的城市化发展历程。85后通过求学和打工在外立足的比例高，不再返乡稀释资源，小村地广人稀，资源丰富。目前，仅仅60后、70后、85前出生的青壮年劳动力分享极多的资源。拥有较好要素市场的梧桐树，当然更容易吸引来投资的金凤凰，资源配置恰当。人们收入高、勤劳、闹事的机会成本高，社会矛盾小。在村的父母辈，极力帮助子代摆脱二等公民的身份，在城市扎根落户，子代再返乡从事农业的人数会大大减少，劳动力资源短缺，土地资源广阔。如果配合适宜的土地政策，自然容易诱发机械化，人工智能农业等，资本逐渐取代大部分劳动力。或许需要两代人，小村就会自然而然实现土地集中，实现有较强竞争力的现代化农业。

西南地区的小村和西北地区的小村对比，明显发现，在创造力远低于以色列民族的中国农村，很多“三农”问题都与农村人口过多，人均土地资源少息息相关。

（二）思考和建议

1. 调研后的一些思考

在我国，农地集中、农业产业竞争力提升可能需要超过两代人的历史耐心。在城乡二元结构和分配机制下，城市化似乎是一个几代人挣扎着实现的过程。西南地区人均资源过少，年轻的子代在城市挣扎着需要立足，年长的父母代对帮助子女在城市立足，心有余而力不足。两代人都因为没有好的就业机会而挣扎，再加上川渝地区喜欢享受闲适生活的传统，很容易导致一些在城市奋斗过的、年龄大的人回乡，农村人口无法减少，同时人均资源不会增多。长期看，川渝农村大部分人似乎不得不陷入没有工作机会的“兼业陷阱”中，或者长期失业的挣扎过程中。而西北地区某些小村过多的人均资源，使得目不识丁的一代人和受过基本高等教育的新生代一起奋斗，自然而然实现城市化的概率很高。所以，如果农村大部分剩余劳动力没有在城市发挥自己聪明才干的机会，人口不能够顺利从农村转移到城市，过少的人均资源会让农村发展缓慢，农业产业竞争力提升需要更长的历史耐心。

“小农灭亡论”、“小农美好论”、“小农未过时论”等似乎都不能完全解释川渝地区的小农和西北地区的小农的特征。对川渝地区的农民来说，相对于较大的基本生活开支，两亩地的收入微不足道，生活压力使得小农实在没有动力再尽心尽力的“修地球”。他们追求清新的空气，优美的环境，健康的食物，自由自在的娱乐，还追求就业机会，除了温江郊区的农户有此类福气外，大部分农民由于没有足够的生存资源而忍受着生活的各种挤压。由于没有良好的生存状态，占着不起作用的承包地只是一种心里寄托。另外，川渝地区的农户分化程度高，农村贫富差距也非常大，有不同的诉求，矛盾冲突多，如何投资，调动各种资源要素，创造价值；同时如何建立透明体系，建立合适的分配管理体制，也是川渝小村的小农不断积累财富，不断提升生活的主要问题。

相信大部分川渝地区的普通劳动者总体来说都渴望靠自己的双手去创造财富，源于勤劳善良的民族传统。因此，掌握大量资源的精英们如果没有制定好规则（比如社会兜底和给予就业机会没有平衡好），就容易鼓励懒汉。当一个民族的人民不再勤劳，是一件极其危险的事情。在解决如此众多的农村问题中，若聪明智慧、能全心全意为人民服务的精英能够制定激励人们去创造的规则，再加上勤劳善良的广大人民，不可能不出优秀的成果。

2. 建议

首先，鉴于川渝地区农村大量青壮年劳动力失业的情况，劳动力成本低，临近城市可以积极寻找各种劳动力密集型投资项目，积极制造就业机会，给村民提供积累财富的机会，让致富意愿强烈的村民有伸展手脚创造更加美好生活的机会。

其次，不断推进改革，为承包经营权、宅基地使用权、集体收益分配权的退出提供政策通道，让有能力在城立足，有意愿彻底离开农业和农村的村民能够带着农村的资产进城安家落户扎根，真正实现人地分离，积极转移农村剩余劳动力，减少农村人口，从而把资源留给愿意长期建设农村的人民。

最后，村集体可以积极推行换地，“小块并大块”和“按户连片承包”等，尽可能降低未来土地集中的交易成本。可以尝试土地入股合作社，确权确股不确地，寻找有能力经营的团队来经营土地，提高土地利用效率，提升农业产业竞争力，提高农村的财产性收入。

人情消费还是消费人情：面子与里子的抉择及其原因

——以江苏省三个村为例

王凤婷 *

广泛开展文明村镇、星级文明户、文明家庭等群众性精神文明创建活动。遏制大操大办、厚葬薄养、人情攀比等陈规陋习。加强无神论宣传教育，丰富农民群众精神文化生活，抵制封建迷信活动。深化农村殡葬改革。加强农村科普工作，提高农民科学文化素养。

——2018 年 1 号文件《中共中央 国务院关于实施乡村振兴战略的意见》

一、调研背景

中国作为礼仪之邦，自古以来崇尚礼尚往来，《礼记 · 曲礼上》说："礼尚往来，往而不来，非礼也，来而不往，亦非礼也"。时至今日，无论是婚丧嫁娶，还是乔迁生子，都免不了要宴请亲朋好友，你来我往也让随礼成为了一种普遍现象。然而，近年来我国人情消费占比超过了家庭发展型消费，人情消费的增长速度已远超居民收入的增速，人情消费支出已经成为居民的一种经济负担和心理负担（闫新华等，2016）。而且，人情消费逐渐异化，逐渐成为了人们互相攀比、炫耀财富，甚至

* 王凤婷（1989— ），女，江苏宿迁人，中国农业大学 2016 级博士研究生。

是赚钱收益的一种方式。为此，中央号召“厉行勤俭节约，反对铺张浪费”，人民群众也积极参与到节俭新风行动中。但是，农村随礼习俗由来已久，随着人们生活水平的改善，红白事的档次越来越高，邀请亲朋好友的圈子越来越广，农民人情消费名目增多，礼金也逐年增加。有研究表明，近年来人情消费支出规模与增长速度不断加快，尤其是在广大农村地区，农民之间的人情消费种类繁多，而且，存在铺张浪费的现象，很大一部分家庭收入都消耗在人情消费上面，不少农户反映负担太重。如 2007 年湖南省农村人情消费户均支出 718.35 元，占家庭现金收入的 36.61%；2009 年江西省万载县农民人均人情支出年增速达 21.2%，远高于人均纯收入增速 7.48% 的水平（陈浩天，2011）。中国家庭金融调查与研究中心（CHFS）的调查数据显示，2010 年中国农村家庭人情消费支出为 3 818 元，占可支配比高达 17.1%。不仅中国存在人情消费支出过多的现象，在国外，人们也将很高比例的收入用于人情消费支出（刘军，2004；金晓彤，2010），如在印度 Udaipur 地区，人们即使生活在每天 2 美元的贫困线以下也仍将 10% 的收入用于节假日支出，而这一群体的人口比例高达 86%（Chen 等，2012）。

当前，我国正朝着 2020 年全面实现小康社会的宏伟目标努力。然而，农村人情消费的非正常支出，对于农民而言是一种沉重的经济压力，有的家庭甚至欠债随礼。许多在外的农民工不敢在逢年过节期间回家，其中一个重要原因就是农村人情往来支出太多。同时，对于社会而言，它严重浪费了社会资源、影响了社会风气，是中国特色社会主义“五位一体”建设的绊脚石，是当代中国乡村振兴的桎梏。因此，有必要对农村人情消费进行深入的研究，以期剖析其中的深层次原因，并提出相关的对策建议。

具体来说，在当前社会主义精神文明建设和乡村振兴战略的背景下，农村地区人情往来是怎样的状况？农村的人情往来又呈现怎样的新型特征？人情往来为何会一直攀升，如何应对这样的困境？为解决上述问题，笔者利用 2017 年中国农业大学国家农业农村发展研究院寒假调研机会，实地调研了江苏省泗阳县时村、颜村、包村三个村落的农户，以这些村的亲戚、街坊邻居、朋友以及同学父母作为深入案例访谈对象。调查内容涉及农户家庭基本特征、家庭收入、2017 年每户亲戚间拜年收支、非拜年人情往来情况、大家对人情往来的主观感受等内容。

二、三个村落概况

笔者选了时村、包村和颜村三个村落为访谈调研对象，三个村落均隶属于江苏苏北，地形以平原为主。时村，笔者的家乡，是位于A镇政府驻地西南方向约2公里的自然村，占地面积约1 000余亩，约300户，总人口1 400人，户均耕地面积较小，仅有2亩左右，2017年人均纯收入约8 000元，村集体土地较少，村集体经济比较薄弱，村里有主管红白事的人员2～3名，村里有红白事或随礼方面都请教他们，他们被人们称为“支客”，一般谁家有红白事都默认他们是主事人员，所有习俗或规矩都参考他们的意见。包村，笔者外婆家所在村，是位于B镇政府驻地以西约8公里的自然村，占地面积约1 600余亩，共有100户左右，户均耕地16亩左右，户均耕地面积较大，2017年人均纯收入约7 500元，产业以农业为主，以种植玉米、水稻、花生为主，养殖业以养羊为主，所在镇有“苏北养羊第一镇”之称，年养殖山羊6万只以上。包村的基础设施比较差，道路窄又短，村道相对比较闭塞，3年前主路还是以泥巴路为主。包村负责红白事的主事人员有1名，这名主事人员因为年纪较大了还没找到接班人，他的儿子又不愿接他的班，所以，包村的红白事礼仪感没有很重。颜村，笔者姑姑家所在村，是位于A镇政府驻地以东约1.5公里的自然村，占地面积约1 300余亩，共有200户左右，户均耕地3亩左右，户均耕地面积较小，2017年人均纯收入约8 500元，以种植玉米、小麦、水稻为主，农民的收入由种植业和外出务工构成。颜村村集体土地较多，村集体经济比较强。颜村负责红白事主事人员有两名，此外，负责当红娘的人员较多，有4～5名。三个村落中，时庄和颜村村民主要在外务工，其经济发展水平相对较高，包村户均土地面积较大，以务农为主，外出务工较少，在镇上打零工的有30%左右。

三、人情消费支出基本概况

要对人情消费支出有进一步了解，我们首先要界定人情的含义，人情由以下三个层面的涵义构成：一是指人的社会情感，即在遭遇生活情境时所产生的不同情绪反应和相互之间建立的亲情、友情和乡情。二是在与人进行社会交易时，用来作为可以馈赠的资源。三是指人与人在相处中应该遵循的社会规范和准则。在社会学上，消费不仅是一种物质的生活过程，也是在社会生活中文化和人际交往共同作用的过程。关于人情消费的定义有很多，为了便于表述和分析本文将农村人情消费含义界定为：基于情感交流、人际关系维护、遵循社会规范和准则的目的而进行的人与人之间往来的消费活动。人情往来根据消费时段和支出目的可以分为不同类型，按消费时段我们将农村人情消费分类为拜年和日常往来支出两类（费孝通，1998；阎云翔，2000），人们之间相互走动、送礼、请客主要是为了加深人们之间的感情，日常往来支出包括婚嫁、丧事、生日宴会、小孩出生、送礼。其中，请人办事中的送礼往往被看成一种有目的的预期性投资。

（一）人情消费水平

三个村农民家庭一年的人均人情消费支出平均为 1 000 元，约占家庭纯收入的 15%，其中，拜年方面的开销花费约为 450 元，日常往来的开销花费平均为 405 元，占家庭纯收入的比重均为 7% 左右。分村庄来看，时村人均人情往来支出最多，达 1 500 元，占家庭人均纯收入比重为 25%，主要原因是该村比较重视人情往来，也和该村主管人情往来的人员相对别村多有关。包村人情往来的支出水平最低（750 元），约占家庭人均纯收入比重的 10%，主要原因是村庄整体的经济发展水平及消费水平较低。按纵向的时间维度来看，农村人情往来支出逐年攀升，在访谈中不少村民反映，10 年、20 年前人们往来支出差不多几十元就可以了，最多也不超过 1 张百元，现如今低于 200 元都不好意思拿出来，尤其是红事，而且，现在还多了各种名义的红包费用支出。此外，在农村，人情往来的回礼一般有加价返还的道理，也就是说今年王家儿子娶亲你随礼 200 元，后年，你家儿子娶媳妇王家可能要还 300 元或者更高。所以，在农村，随礼有时也被看作是一种投机的行为。因此，从一年中人情往来支出占家庭总收入比重、人情往来随时间变化以及加价回礼的传统来看，人情往来支出越来越高，给农民生产生活带来了较重的经济负担。

此外，虽然中央和地方出台各种措施推行移风易俗，遏制大操大办的陋习。但在笔者的访谈中发现，农民对中央和地方的行动大多数都没有听说过，主要原因是基层的宣传力度不够、宣传的普及度不广。

（二）人情消费支出形式

近五年来，随着中国新型城镇化建设的推进，三个村的外出务工人员逐渐增加，在此背景下三个村人情往来的次数、消费的形式也相应地发生了较大的转变。2017 年三个村农民拜年的平均次数为 10 次，日常往来次数约为 8 次。人情往来的形式上，之前，无论是拜年还是日常往来支出均以现金支付为主，比例高达 90%。随着近三年农村智能手机的普及、通讯工具的广泛应用，拜年呈现多样化，很多村民学会用手机相互拜年，据此可以看出，人情往来形式越来越趋向货币化。访谈到拜年支出的形式时，时村的一位村民说道，“现在过年给小辈们压岁钱很方便了，现在过年都不用早早的准备红包壳，也不用提早几天赶集市去银行换新的纸币和硬币，现在大家都用手机发红包，还能在手机上抢到红包，既能缩小和孙子孙女的代沟，也能跟上新时代的步伐”。访谈到日常往来支出形式的变化时，颜村一位村民提到，以前人情往来还都用农产品等实物形式，例如“自家鸡下的蛋”、“自家蒸的一笼馒头”、“大米或者黄豆”等，现在这些实物形式的人情往来都很少见了。当问一些村民为何会有这样的转变时，他们大多数的回答都是，“现在大家都打工赚到钱了，谁还愿意费事去自制一些实物，几张百元大钞票就能解决了，干嘛还去费那事，况且，那些实物也不好随身带，很不方便呢”。可以看出人情消费形式由实物向货币式的转变和经济发展水平的提高、信息化的发展有很大的关系，此外生活水平的改善对人们的消费观念有很大的改变。

（三）人情消费圈

按照人们人情往来关系亲疏远近的不同可以将人情往来的圈子划分为四种：重要亲属、远房亲属、邻居和朋友。不同人情往来圈子的人情消费支出水平有显著差异，在不同的村落也有很大的不同。以重要亲属为支出对象来看，三个村的户均支出约为 1 500 元，以朋友为支出对象来看，三个村的户均支出约为 1 000 元，以远房亲属为支出对象来看，三个村的户均支出约为 600 元，以邻居为支出对象的人情往来支出水平最低，户均支出仅 200 元。不同村落的人情往来对象的差异十分明显，其中，时村和颜村受外出务工的影响，在朋友上的人情消费最高，包村相对其他两个村交通相对闭塞，村里人员和城市或县城市场距离较远，劳动力流动性较小，所以受外界影响较小，人情往来的支出对象仍以传统的重要亲属、远房亲属为主。整体上来看，三个村的人情往来圈子从以亲属为主转变为以信息、资源交流共享的朋友为主。随着农村劳动力流动的增强，外出务工人数逐年增多，拜年期间农村人情往来在朋友之间走动的现象也越来越多，拜年期间的谈话内容也由原有的唠嗑、叙家常逐渐变为简单寒暄后重点交流在外务工经历、得失、新一年的务工意向。城市化的推进、农村劳动力流动性的增强，对农村固化的人情往来圈子有一定的冲击作用，起到一种重塑的功能。总的来看，传统的以重要亲属为代表的血缘圈逐渐被以朋友为代表的业缘圈替代，而且，未来随着劳动力流动性的增强、共享经济的发展，这种替代性会更强更快。

（四）人情消费的负担

为了衡量人情往来与家庭中其他重要的支出关系，笔者对比了人情往来和其他重要支出的关系，其他重要支出包括医疗保健、教育、文化娱乐等方面。三个村的人情往来支出占人均纯收入的比重高于其他三项支出（医疗保健、教育和文化娱乐），人情往来一定程度上挤占了在家庭医疗、教育和文化消费等方面的投资，可以说家庭人情往来的支出的增加减少了家庭发展型消费支出，长此以往，对农村家庭的健康和谐发展不利。为了进一步探究农村居民对人情消费支出负担的主观感受，笔者进一步访谈了三个村村民关于人情往来对他们家庭生产生活的影响，尤其是经济和心理负担的影响，访谈结果表明有接近一半的农民表示越来越重的人情往来对家庭支出压力很大或较大，25% 的农户表示压力一般，表示压力不大和很小的比例为 30%，这表明目前农村地区人情往来对家庭支出压力较大。如包村的一位村民谈到，“二十年以前愁吃好穿好喝好，哎，现在农村小康了，吃穿不愁了，现在愁什么呢，现在愁家里一年的人情往来，一年不吃不喝家庭人情来往都比卖的小麦稻谷还多”。同时，颜村外出务工回乡的一位村民说道，“外出打工之后，虽然一年下来人情往来也不少，但从相对水平来看，出去打工后，尤其是举家外出务工的家庭，因为外出务工后本来有些关系不是很亲近可有可无的人情往来因我们不在家就走动少了，一年下来整体的人情往来支出就少了，大家对此也不会有太多的不满，因为你人不在家嘛，人家肯定不会通知到外地，除非有之前欠他家额度较大的随礼”。这样看来，举家外出务工一定程度上减少了人情往来支出，但对固有的人情往来圈子不会有负面影响。

四、人情消费攀升原因

农村人情消费整体水平为何逐年攀升？对于农村人情消费攀升的原因笔者首先分析人情消费产生的缘由，再探究由无到有，由有到多的原因，接下来笔者主要从农业生产特征、文化传统、爱面子、寻租行为等方面进行分析。

首先，从农业生产特征来看，农村人情往来产生的重要原因来自于农业的生产方式。早期社会，农业的生产率相对较低，农业的产量很大程度上受雨、热、光照等自然环境的影响，即老百姓口中常说的“靠老天爷吃饭”，这种不确定性的恶劣的自然因素促使农民们群居在一起，一起防御自然灾害，提高农业产量，这构成了最初的人情消费外部环境。随着社会的发展、科学技术的进步，村民们抵御自然环境的能力提升了，但村民们通过人情来往构建起来的互助互帮的圈子依然保留着。

其次，受到中国传统文化的制约。中国自古以来就是一个崇尚礼尚往来的社会，人情往来对整个社会起着一种减少人际交往阻力的作用，特别是在农村地区。在这种传统习俗文化的影响下，人们在亲戚朋友遇到喜事或丧事时，往往通过礼物、货币或者行动来表达他们对亲朋好友的祝贺或安慰等心意。长此以往，人们之间的人情消费就在这种传统习俗中保存下来，人情往来慢慢地变成村民们之间人际交往的道德规范，指导着村民之间的人际往来行为。在农村会形成一个人情往来较为固定的圈子，村民们一般都会自觉遵守这种道德规范，因为对于村民们而言，这种道德规范是最低的生产或生活成本的生存路径，打破这种规范比遵守这种规范带来的成本要高得多，可以说维持这种人情往来收益要大于成本，因此，很少有村民会主动地去打破规则。农民依靠建立起来的人情往来圈子来交往、互动，尽管村民们会经常抱怨这种人情往来，但是自己处于这个人情往来圈子之中，跳出所处人情消费圈子他们的损失会更大，所以，每户家庭都无法完全跳出这个人情消费圈子，只好勉强继续人情消费，这就出现村民们不想人情往来却又经常看到他们人情往来的“悖论”，越来越成为村民们生产生活的经济负担和心理负担。此外，随着社会经济发展水平的提高，整个社会层面上人情往来的支出水平越来越高，聚焦到家庭单元上来看，家庭收入与人情支出呈现正相关的关系，一般来说，家庭的年收入越高，人情往来支出额越大，人情支出在家庭总收入中的比重越大，这种正相关关系在不同收入水平的家庭中具有显著的差异性，令人惊讶的是，中低收入家庭中人情往来的支出比重竟然比高收入家庭的还要高。

再次，农村人情消费不断攀升原因很大程度上是因为相互攀比，从众的心理。爱面子是中国历来的传统文化，尤其是在农村地区，每个人都爱面子，为了面子甚至忽视自身或家庭的经济基础。随着经济社会发展水平的提高，村民们的生活水平有了较大的提高，村民们之间由于虚荣心开始相互攀比，而且，腰包鼓了也有了相互攀比的经济基础，在人情消费时喜欢讲面子，甚至为了面子不惜举债送礼，甚至花费掉今年或来年生产资料的钱来请客送礼，人情变成了债务链。人情往来中的红事（结婚）上，人们的爱面子表现的尤其明显，访谈者大多表示，自己的儿子或女儿结婚嫁娶一生只有一次，为什么要小气，让别人看我们家笑话，无论如何都要风风光光的，而这风风光光则意味着讲排场，摆阔气。在红事中，儿子的结婚相比较女儿的出嫁办得更隆重。一个家庭中女儿的出嫁往往攀比的是本村其他家庭女儿的出嫁，不少村民提到如果A家庭中嫁女儿，假如本村最近或前一段时间有B家庭中嫁女儿，如果A家庭中女儿比B家庭中女儿有更高的学历、更好看的长相或更好的工作等等，那么A家庭大多数都会将女儿的出嫁办得比B还要隆重。而且，即使A家庭会花费很多钱，他们也会很开心，据此可以在亲朋好友，街坊邻居中无言的宣告自己家培养的女儿更优秀、更有面子，这样的相互攀比是积极主动的。然而，不少村民提到农村的彩礼是红事中最大的负担，甚至有的地方用“一动不动”（动产指代汽车，不动产代表一套房子）或“万紫千红一片绿”来形容彩礼的负担重。有几位村民给笔者算过账，一个家庭中儿子娶媳妇在当地花费至少35万，这包括彩礼10万～15万，房子车子20万，定亲1万～2万，办酒席2万～3万等。这在农村地区，一个家庭积攒二十多年的积蓄往往不够，大多数时候要向亲戚朋友借，房子得贷款买。访谈中有村民形容儿子结个婚

“一夜回到解放前”，这样看来这一点都不夸张。大多数村民把相互往来的频繁程度以及礼金赠送的多少作为衡量红白喜事隆重与否、人缘好坏以及地位高低的标准。访谈中侧面了解到，收入较低的家庭更容易借助红白事大操大办，有一种我们家并不比别人家差的心理，但是这种“打肿脸充胖子”的行为往往给家庭经济带来极大的负担，而且，这对当前的扶贫工作是个严重的挑战。

最后，农村腐败现象仍然的存在，人情往来成为农村一种寻租行为。通过人情消费往来收取礼物礼金屡见不鲜，这种不良风气在农村社会产生了不好的示范效应，侵蚀了农村历来淳朴的人际交往风气，这也在很大程度上助推了农村人情往来。农村人情往来敛财的大多发生在孩子升学、审批厂子房子土地、要当兵入伍名额、考驾照、招投标等事件上。访谈中有村民说道，“村里娃要上学，你想上好一点的初中高中，那不得让学校领导满意啊，农村生源人家本来就不想要”，还有一位外出务工返乡人员提到他明年想回乡做点生意，提到送礼的事情他也毫不避讳的说道，“那可不吗，农村你不送礼就能办成事吗，要村干部审批一块建设用地建厂房，那不知道都跑了多少趟，要么说材料不全要么就不在家，总是推三阻四的，那不还是看我没送礼的吗”。此外，人情消费水涨船高除了整个大的社会经济水平提高以外，农村红白事的管理人员（当地称为支客）也是人情消费水平持续攀升的重要推波助澜者，他们是农村人情往来水准、仪式流程、人员规模的策划者和重要决策人。他们推高人情消费标准的内在驱动力是经济上的回报和抽成，只有人情消费标准高了，办的活动多了，规模搞大了，仪式办得隆重了，他们才有可能得到更多的经济回报。作为理性的经济人，无法拒绝这样的经济回报，在缺乏有力的监督和约束机制的情景下，人情消费之风越来越高。

五、减轻农村人情消费负担的对策

从访谈结果来看，农村人情消费水准仍在提高，人情消费支出占家庭收入比重较大，家庭人情消费支出占比远高于医疗、教育及文化娱乐等发展型消费，人情消费支出的增加对医疗、教育和文化娱乐消费等具有较大的挤出效应，加重了农民的经济负担和心理负担。从长远来看，不仅恶化了农村人力资本的积累，而且持续攀升的农村人情消费支出对农村脱贫有一定的阻碍作用，不利于农村的繁荣发展和乡村振兴。农村人情消费的攀比现象普遍存在，收入较低的农村居民借助红白事的炫耀性消费寻求身份或社会地位的认同，在群体中产生示范效应，并导致人情消费标准的节节攀升，出现农村居民虽在人情消费上有较大的经济负担同时却推动人情消费的愈演愈烈的现象。此外，示范效应通过改变家庭决策者对未来收入预期而影响当期的家庭人情消费支出，农村高收入群体的人情消费相对较高，农村居民更容易将周围居民收入的提高转化为自身的示范效应，强化了收入增加对人情消费支出的正向影响。不能忽视的是人情往来在维系感情、共享资源信息、非制度规范等方面的积极功能，然而，过度的人情往来给农村带来沉重的压力，如何能减弱过度的人情往来的负面影响，需要从政府、社会、农民自身三个方面着手，具体来说：

（一）政府层面

要强化宣传教育，积极引导农民树立科学的消费观念。首先，政府应该积极举办节俭消费宣传讲座，传达中央政策和科学的消费观念。充分利用广播、电子屏、微信等现代媒体，在农村开展中国传统文化宣传教育，引导农民继承发扬中华民族“勤俭节约”的传统美德，形成红白事“大操大办可耻、新事新办光荣”的舆论氛围，引导农民将有限的资金和物力投入到提高生产和生活水平上来，尤其减少红白事炫耀性消费，节俭操办红白事，倡导“绿色消费”的理念，形成农村消费文化健康之风，扎实推进乡风文明建设。其次，村级政府应该联合红白事管理人员、村民代表一起制定符合村情的村规民约，将人情消费的标准、仪式、流程规范化，防止人情消费泛滥。最后，乡镇或县级政府要定期下乡办节俭消费、业余文化等主题的培训班，丰富农民文化生活，带动绿色消费观念的形成，继续加大农村基础设施、教育、通信方面的投入，加强农村与外界的沟通交流，提高科学文化素质。

应加快农村金融市场建设，建立健全社会保障体系。政府应对农村信用社给予一定的支持鼓励政策，完善以农村信用社为代表的农村金融机构，缓解农村居民在遇到婚丧嫁娶等重大事件时，能够较为顺利地通过正规金融系统获得资金支持，以减少对人情消费的依赖，为农村地区树立正确理性消费观提高外部条件。完善农村公共服务，稳固社会保障体系，优先解决农村养老和医疗方面的问题，减少对人情往来圈子的依赖，遏制人情消费愈演愈烈之风。

（二）社会层面

借助民间组织的力量，改善农村人情往来愈演愈烈的状态。首先，可以在村里发起建立消费协会，该协会负责组织收集民情民意，在综合村民对人情消费心声基础上，依据村里的收入水平拟定一个合适的人情往来方案，例如随礼的水平、办事的人员规模等等，形成村里统一的人情往来规范标准。其次，协会负责积极宣传，建立示范户示范村，让村民们看到遵守这个规范带来的益处，便于更好地在村民之间践行。最后，协会可以充当第三方的监督机构。在农村人情消费缺乏有力的监督和约束机制的情况下，协会充当第三方的监督机构，从农村红白事的管理人员是寻求突破，协会发挥组织力量，每年给予红白事管理人员推行节俭消费工作名誉上的表彰和经济上的奖励，同时，鼓励整个农村社会来监督。

（三）农民自身层面

农村居民通过自我教育提高科学文化素质，合理安排家庭人情消费比例，减弱其对医疗、教育投入的挤占效应，提高农村居民对人力资本投资的积极性，借助人力资本积累打赢脱贫攻坚战。首先，通过自我学习和政府组织的讲座培训，深刻认识到盲目攀比是一种不科学的消费观念，不要让面子成为家庭和谐发展的绊脚石，依据家庭实际经济水平理性往来，让节俭消费观念支配行为。其次，农村家庭主要决策人要主动地控制人情往来频率，人情往来次数和规模要控制在适当范围内，加强经常走动的亲朋好友联络，减少不必要的人情往来活动，例如给孩子办生日会。最后，要有前瞻意识，加强对家庭发展型消费的投资，例如孩子的教育，家庭人员健康，老人的养老质量，鼓励家庭妇女积极参与文化娱乐活动，提高家庭物质文明建设和精神文明建设。

总之，政府、社会力量和农民三方共同助力，一起推动人情消费成为一种“绿色”消费，积极践行乡风文明建设。让家乡成为农民安居乐业的地方，让故乡成为在外游子思念也回得去的地方。

参考文献

陈浩天 . 城乡人口流动背景下农村地区人情消费的行为逻辑——基于河南省 10 村 334 个农户的实证分析 [J]. 财经问题研究，2011（7）：117–121.

费孝通 . 乡土中国 [M]. 北京：北京出版社，2005：32.

金晓彤，陈艺妮，王新丽 . 我国农村居民人情消费行为的特征与基缘——以豫南杨集村为例 [J]. 吉林大学社会科学学报，2010（3）：123–129，160.

刘军 . 农村人情消费的经济学思考 [J]. 消费经济，2004，20（4）：17–20.

田学斌，闫真. 农村人情消费中的非正式制度：一个交易费用理论框架 [J]. 消费经济，2011（3）：85–89.

闫新华，杭斌，修磊 . 中国农户的人情支出行为——基于地位寻求模型的实证分析 [J]. 消费经济，2016（1）：3–13.

阎云翔 . 礼物的流动：一个中国村庄中的互惠原则与社会网络 [M]. 上海：上海人民出版社，2000：50–71，134–135.

Chen X，Kanbur R，Zhang X. Peer Effects，Risk Pooling，and Status Seeking : What Explains Gift Spending Escalation in Rural China?[J]. Economic Review，2012.

第四篇　土地制度变革

行将消失的村落：农村住房变迁及宅基地综合整治

——以江苏省 X 村为例

李　雷*

完善农民闲置宅基地和闲置农房政策，探索宅基地所有权、资格权、使用权“三权分置”，落实宅基地集体所有权，保障宅基地农户资格权和农民房屋财产权，适度放活宅基地和农民房屋使用权，不得违规违法买卖宅基地，严格实行土地用途管制，严格禁止下乡利用农村宅基地建设别墅大院和私人会馆。维护进城落户农民土地承包权、宅基地使用权、集体收益分配权，引导进城落户农民依法自愿有偿转让上述权益。

——2018 年 1 号文件《中共中央 国务院关于实施乡村振兴战略的意见》

农村宅基地，是农户或个人用作住宅基地而占有、利用本集体所有的土地。农村宅基地制度是我国现行农村土地制度的重要基础，是我国社会主义土地公有制的重要体现。新中国成立以来，宅基地制度不断调整完善，有效保障农户的住房需求，为农村的社会稳定提供了重要保证。近些年来，随着城镇边界不断外扩以及外出村民进城居住，导致城市建设用地紧张和农村宅基地荒芜，这两种景象同时并存的情况对保证我国耕地规模非常不利。为此，2004 年国务院出台《关于深

* 李雷（1984—），男，江苏盱眙人，中国农业大学 2016 级博士研究生。

化改革严格土地管理的决定》(下称《决定》),《决定》提出“鼓励农村建设用地整理，城镇建设用地增加要与农村建设用地减少相挂钩”(以下简称“增减挂钩政策”)。基于这样的背景，江苏省 X 村利用“整村退出”的试点方案对村内宅基地进行整合整治，已取得初步成效，但仍存在一些问题需要解决。在对农村宅基地综合整治的过程中，如何保障退出宅基地农民权益？本人结合 X 村的宅基地有偿自愿退出的具体实践，对农村房屋变迁和宅基地综合整治问题进行一些思考。

一、X 村的基本情况

X 村位于江苏省中西部，地处淮河下游，隔淮河与安徽省相望，地理位置较为偏僻。X 村约有耕地 3 348 亩，宅基地面积 710 亩，村民家庭 789 户，总人口 2 331 人，由 13 个村民小组组成。村庄内无工矿特色资源，全村 95% 以上的土地资源为沙滩地，土壤保水性差。一般种植小麦、玉米、花生、大豆等常见作物。常见的种植结构是一年两季，一季小麦，一季玉米、大豆等其他作物。X 村的经济结构单一，收入水平低下，是江苏省省定经济薄弱村。

X 村地处洪泽湖和淮河的滞洪区（图 1），历史上水患多发。其村庄所在地原是淮河下游的一大片沙滩地，新中国成立后至 20 世纪 70 年初，一直只有零星的几户人家。20 世纪 70 年代中期，从临近 X 村的 6 个自然村开始有大量村民迁入，组建成现在的 X 村，因此 X 村的农户姓氏较为多样，没有临近村庄单一姓氏占绝对地位的现象。据不完全统计，X 村村民户主姓氏达 10 余种。因土地多为沙土地，土壤保水性较差，无法种植水稻等收益较高的作物，土地产出仅能解决温饱问题。自 20 世纪 80 年代末开始，村中劳动力开始陆续就近从事非农工作或外出经商务工。90 年代中期，村内一个常州女婿将渔网加工技术带入 X 村，自此 X 村陆续形成一条渔网加工产业链。得益于外出务工和非农就业，X 村的村民收入水平低下的状况逐步改善。

2017 年，为了解决居民的住房安全隐患，同时推进闲置宅基地的综合整治，当地政府将 X 村列为首批宅基地有偿自愿退出试点村。拟从 2018—2020 年分三年完成全村的宅基地的有偿自愿退出工作。

图 1　紧邻村庄的淮河大堤和洪泽湖泄洪区的图文说明

二、X 村的住房变迁史

地上必有房，方为宅基地。东汉许慎《说文》提及，“宅，所托居也”。古往今来，住房建设都是农村生活的大事。这关系到农村家庭的门面和家族的传承，因为没有房子，可能男孩娶不上媳妇，家族就会断了香火。“安居乐业”一直以来都是农村居民对美好生活的最真实的诉求，X 村的居民亦是如此。房屋结构的变迁可以较好地反映一个地区的经济发展水平。X 村的房屋结构变迁史就是当地居民收入水平不断上升的最好见证。站在淮河大堤上，一排排房屋掩映在树丛中，沿淮河大堤垂直展开，形成占地 700 多亩的村落建筑群。其中有的是砖瓦房，有的是一层平房，亦有零星的几间楼房。至于草房，已不见了踪影，只有村民回忆过往的时候才会被提起。对比 X 村与苏南地区的普通农村，可以明显感觉经济发展水平的差距。三四年前，笔者曾在苏南小城张家港工作过一段时间，那时所租住的乡下村庄，虽然地理位置较为偏僻，但公交系统非常便利，可以轻松通达集镇、县城。当地村民住房基本是两三层楼房，所见的普通砖瓦房，大多是用于出租给外来务工人员。从两地普通村庄的房屋结构对比可以看出，与苏南地区相比，苏北农村的乡村振兴之路还很长，仍需持续探索前行。根据对 X 村村民的走访调查，X 村村民的住房结构主要经历了草屋—砖瓦屋—楼房的转变。从时间节点来看，X 村的住房变迁史大致分为以下三个阶段。

（一）20 世纪 70 年代中期至 80 年代中期

20 世纪 70 年代中期，当地沿淮村庄土地政策调整，临近 X 村的 6 个自然村的村民陆续迁入。原来的村庄资源无法养活那么多人，他们大多生活比较艰苦，温饱问题很难解决，受生活逼迫，不得已选择迁入 X 村。对于新迁入的村民，居有其所是最迫切的需求。早期 X 村大部分农户家较贫困。无力承担高昂的建房费用，因此早期的住房基本上都是草房结构。X 村所在的土地为沙土地，为确保墙基坚固，墙基一般由石头、沙子、黏土等堆砌而成，墙基一般高出地 15 ～ 25 厘米。然后在墙基上加盖土墙，土墙一般由泥土混杂麦秆、芦苇、黄泥等搅拌后夯实而成的简陋墙体；而房屋的草顶则包括屋架和屋顶。屋架的作用主要为承重，在屋架上铺设麦秆或芦苇等形成屋顶。村民 W 回忆说，“X 村早期的屋架基本上采用的木结构，再并排铺上高粱秆，然后铺上芦苇或麦秆等形成屋顶，草屋屋顶一般每隔 3 ～ 4 年需要更换一次，以免草屋屋顶破旧漏雨。”沿着淮河大堤俯瞰整个 X 村，草房结构的房屋早不见了踪影，已成为滚滚红尘的历史回忆。那个时期的村民普遍贫穷，解决温饱问题是最大的需求。村民 Y 回忆说，“刚下滩时，吃不饱，穿不暖的，能有草房住已经不错，那时候人多是面黄肌瘦的。那个年代，能够吃饱穿暖是最大的事，衣服是棉衣棉裤，吃的稀饭糊糊，住的房屋只要不四处漏风就很不错了。”

（二）20 世纪 80 年代末至 20 世纪末

20 世纪 80 年代末期，家庭联产承包责任制充分调动农民家庭对劳动力资源进行重新配置，随着市场经济的不断发展，村中部分劳动力开始逐渐从农业生产脱离出来，或在当地从事非农工作或外出经商务工，大多去往苏南城市，如南京、苏州、无锡、常州等，这时候外出务工人员大多是较为年长的劳动力，外出务工以从事体力劳动为主。90 年代中期，村内一个常州女婿将渔网加工技术引入 X 村，X 村陆续形成一条渔网加工产业链。农闲时刻，村内留守人员，无论老幼，均会参与渔网加工以补贴家用。得益于外出务工和非农就业，X 村的村民收入水平稳步提升。与此同时，周围一些小型砖瓦厂开始出现，这些砖瓦厂采用红泥等烧结成建筑用的红砖或红瓦。村民收入的提升和砖瓦厂的出现，推动砖瓦房结构房屋的大量出现。这时候的砖房结构的房顶既有水泥平顶，也有瓦房顶，但以瓦房顶居多。村中年长的Y姓村民说，“平房顶可以晾晒粮食，但容易漏水，所以村里大部分人家都是瓦房顶。”走访发现目前村中的房屋仍以砖瓦结构的房屋为主，占60%～70%，这些砖瓦房屋大部分建于20世纪90年代至20世纪末之间（图2）。

图2　村中较为常见的砖瓦结构房屋

调研中发现，这个时期，X村村民的生活水平较上一时期有了明显的提升，X村村民的生活水平开始分化。以饮食为例，X村这个时期的村民90%以上的家庭已经解决了温饱问题，部分收入较高的农户家庭饮食已不满足于解决温饱问题，鸡鱼肉蛋、海鲜水产等已开始陆续出现在餐桌上。

（三）21世纪初至今

改革开放以来特别是21世纪以来，苏南民营经济蓬勃发展，这其中特别是纺织、电子等劳动密集型产业急需大量劳动力的参与，这吸引苏北农村劳动力大量外出务工。X村青壮年劳动力外出不再是20世纪的少部分人群，而是成群结队涌入苏南地区。进入21世纪以来，许多年轻的农家高中或初中毕业生，无法继续深造，被动卷入南下的打工浪潮。这一时期，平均每户约有2人外出务工，年轻的外出人员开始占据多数，他们从事的岗位也不再像父辈那样从事简单的体力劳动，其中不少通过自身的努力成为单位的技术骨干。村中留守老人小孩则可以参与渔网加工赚取非农收入，补贴家用。在农村，当收入持续提高时，第一追求就是翻盖房子。因为房子是一个家庭的门面，反映一个家庭的经营水平。这个时期村中一些居民开始拆掉过去的砖瓦房，盖起了两层或三层洋楼（图 3）。这种楼房不再使用红砖结构，而是采用混砖钢筋水泥结构。地面用水泥浇灌，不少人家还贴上瓷砖，并对内部进行了装潢吊顶，楼房外部除了用水泥勾砖缝以外，不少村民还贴上了墙砖，一些村民还在楼房门前放置了石狮雕像。调研走访中发现村中楼房的比例不是很高，楼房的比例大约为 20% ～ 30%。

图 3　村里新建的洋楼

随着部分村民外出经商或务工，视野得到了开阔，他们不再满足于在村中翻盖楼房居住。一些村民开始在镇上、在县里购买商品房，有的甚至在南京、苏州等务工地购买了商品房。不少村民开始整户出村居住，这些村民逐渐淡去农民的角色，逐渐融入城市居民的生活中。他们与农村生活已渐行渐远。他们留在村中的记忆只剩下那不断衰败的房屋和杂草丛生的宅基地（图 4）。

这个时期的 X 村村民，无论是外出人员还是留守人员，生活水平均较以往都有了极大的提升。衣食住行各方面都有了翻天覆地的变化。衣服方面，农村穿衣厚度变薄，色彩也更加丰富。保暖内衣、羽绒服开始流行，当地居民穿衣也由早期的棉衣棉裤向羽绒服、保暖内衣转变。同时，穿衣色彩不像过去单调的黑白灰，开始出现许多鲜亮的颜色搭配。品牌服装开始走入寻常百姓人家。饮食方面，村庄附近就有便民蔬菜售卖点，常见的蔬菜水果均可以在便民蔬菜售卖点就近购买，村民无需往返集镇采购食材。“吃得饱”已经不再是农民的关注重点，农民关注的焦点已经转向“如何吃得好”和“如何吃得健康”。住房方面，村民不仅住进了楼房，而且空调、冰箱和洗衣机等各种家电一应俱全。出行方面，电瓶车或电瓶三轮车已全面取代过去的自行车和步行，现在已经很少看到村民出行骑自行车了。小汽车已不再是奢侈品，开始进入寻常百姓家，成为了代步工具。

图 4　村中衰败的宅基地

总体上来看，X 村的房屋变迁史是“20 世纪 70 年代住草房，90 年代住瓦房，21 世纪住楼房”，这反映了 X 村村民住房条件的持续改善。生活需求方面，村民也由吃饱穿暖的生存型需求转向衣食住行的改善型需求转变。调查发现，空调、冰箱、洗衣机、油烟机等普及率在 90% 以上。室内的家具亦由传统单一家具向复合家具发现，不少家庭还对房屋进行了装潢吊顶。与此同时，X 村的村民烹饪用能基本由液化石油气和电力取代。村民 Y 回忆道，“以前做饭都是采用土灶生火做饭，使用麦秆、木条等作为燃料，一到做饭时刻，炊烟缭绕，现在我们村仍用土灶做饭都是稀罕事了。”

X 村的住房结构变迁史与苏北其他地区比较类似，其房屋结构的变化主要得益于以下三个方面：一是房屋建筑材料的发展。城镇化的持续推进，推动砖瓦、钢筋、水泥等产能持续提升，从而带来农村的房屋需求由土混结构向砖瓦结构再向混凝土结构发展。二是施工技术的提升。许多外出从事建筑业，学习建筑技术，有的甚至可以设计图纸，这一群体的出现推动农村施工技术的进步。三是工程机械的运用。市场经济的不断发展，许多施工机械企业开始涌现，如挖掘机、推土机等也推动农村住房结构的升级。

三、X 村的宅基地变迁史

农村要建房，宅基地必不可少。农村宅基地是农村土地利用的重要组成部分，依托宅基地建立的农村住房则是农民生产、生活的栖息之所。如果没有获批宅基地，农村土地上盖房子则变成了违章建筑。盖房子是农民一生中的大事，而要在农地上盖房子就必须有宅基地的使用权。围绕宅基地，邻里之间，农民与村集体之间非常容易产生纠纷。宅基地之间的纠纷古而有之。清代著名文人张英有诗云，“一纸书来只为墙，让他三尺又何妨？长城万里今犹在，不见当年秦始皇。”这反映的就是清代的宅基地纠纷。近些年来，农村邻里之间宅基地的纠纷事件时常见诸报端，有的甚至造成了流血事件。这要求地方政府在对农村宅基地退出时，要坚持公平、公正、公开，及时回应农民的合理诉求，以期顺利实现农村宅基地有偿自愿的退出。

调研发现，从时间节点上看，X 村的宅基地变迁主要经历了以下三个历史阶段。

（一）20 世纪 70 年代初至 80 年代末

20 世纪 70 年代初，周边临近的 6 个自然村根据沿淮 X 村的土地资源进行自愿迁入。对迁入的村民按户沿淮河岸边和乡道西侧分配宅地基。X 村成立时，共设有 13 个生产队，生产队设置沿用至今。每个生产队，按户分配宅基地，每个生产队由一到两排住户组成。这个时期 X 村的农户基本都按户分到了宅基地，20 世纪 70 年代中期，X 村成立之初，与全国其他农村一样，从事集体劳动，统一生产经营。那时的 X 村农户之间高度同质性，村民生活水平贫穷而单一，生产积极性较低，因此 X 村成立初期的房屋清一色都是茅草屋。20 世纪 80 年代，家庭联产承包到户后，X 村的村民农业生产积极性明显提升，农作物产量开始明显上升，农民开始逐步解决温饱问题；部分头脑活络的村民开始经商或外出务工，X 村村民开始出现分化的苗头。这个时期，X 村村民房屋结构开始分化，开始出现了少量的砖瓦房。

（二）20 世纪 90 年代初至 2016 年

随着村民收入的上升和人口的增加，X 村的原有宅基地已满足不了当地村民的居住需求，因此 X 村在 20 世纪 90 年代初对宅基地进行了一次调整，当时主要针对家庭中两个男孩或存在事实分开居住的家庭进行新的宅基地分配。

自 20 世纪 90 年初宅基地进行过一次调整后，一直到 2016 年，X 村宅基地再没有进行任何调整。但是村民确有新建房屋需求，如家里有两个男孩，小儿子即使没有分得宅基地，在结婚需要新建房屋时，在未批宅基地的土地上建房，村集体也是默许的。调查时遇到一村民 H 就是这样一情况，村民 H 家中有两个儿子，大儿子成家以后，小儿子也面临盖房娶妻的现实。村民 H 原计划在原宅基地扩大翻新，后与邻居协调不果，只能在道路东侧自家承包地上再盖一处房屋供小儿子娶妻后居住。调查时，小儿子在“非法宅基地”的房屋中已形成事实居住五年之久，但是村民 H 家中却只有大儿子的一处宅基地是“合法”的。走访了解发现，H 姓村民的情况并非特例，道路东侧零零散散分布着多处房屋，均属于没有宅基地使用权的“非法建筑物”。这类房屋有农村宅基地之实，却无宅基地之名。尽管这满足了当地部分村民的居住权，但没有及时进行宅基地的确权登记，这为后来的宅基地退出纠纷埋下了隐患。

（三）2017 年至今

2017 年，为了解决 X 村的住房安全隐患和推进闲置宅基地综合整治，当地政府将 X 村作为宅基地有偿自愿退出试点村。X 村试点宅基地退出的条件较为成熟，主要基于以下两点：一是居住环境不佳。地理位置濒临淮河和洪泽湖的泄洪区，水患多发。二是宅基地闲置严重。许多村民外出经商务工，家庭多整体出村居住，不少宅基地杂草丛生。当地政府于 2017 年末已完成对 X 村全部的宅基地和房屋的测量工作，并计划于 2018 年至 2020 年开始在 X 村陆续实施宅基地有偿自愿退出试点工作。具体做法为：宅基地退出采用单一的货币补偿标准，面积按统一的每亩 17 000 元进行补偿，其中集体每亩留存 5 100 元，村民实际获得的宅基地补偿收入为每亩 11 900 元。宅基地上的房屋按不同的房屋结构、住房面积、装修情况，实行一房一价的政策，每户村民的宅基地退出收入合计大概在 10 万～ 20 万元不等。截止 2018 年 8 月，X 村 13 个生产队已有宅基地闲置最多的两个生产队完成了退出补偿款的发放，占整个村庄比例的 15.38%，其余生产队预计在 2020 年底前分批完成宅基地退出工作。

四、X 村的宅基地退出试点存在的问题

X 村宅基地退出的试点工作初步成效明显，达到了预期的设想。但在具体的实施过程中，仍然暴露出一些需要解决的问题：

（一）宅基地退出补偿标准低和补偿方式过于单一

目前当地县里一套房需要 60 万，镇上一套房最低需要 20 万，目前 X 村村民的宅基地退出补偿款在 10 万到 20 万不等，安置费用与重新购房相差较大。同时宅基地退出补偿只有单一货币化选项，没有满足部分村民就近安置的诉求。宅基地退出单一货币化补偿针对农户外出经商务工整户出村居住的比较适合，但年纪较大的农民往往有着浓厚的“乡土情结”，大多希望能够就近设置集中居住点。

而且在实际操作中，都是一个生产队一起退出的，不愿退出农户也会因为生活的不便迫不得已选择退出。村民 L 说，“大家都退出，你不退出，留下的单门独户供水供电都有困难，只能随大流了。”宅基地退出由自愿变成“半自愿”性质，我们调查发现 90% 的村民基本知晓宅基地自愿退出的政策。如村民 W 说，“上面宣传的政策是自愿退出，我们也知晓，但在实际操作中，都是一个生产队一起退出的，留下一两户土地也没法连片利用。就是不知道为啥上面的政策只有补偿款一项选择，而没有集中安置的机会供我们选择。”

（二）部分农户形成事实居住的房屋“有名无分”

X 村自 20 世纪 70 年代成立以来，只在 20 世纪 90 年代初进行一次宅基地调整，当时不少家庭两个男孩陆续成家，需分户居住。自此以后，村集体再没有对宅基地进行任何调整，这让宅基地退出成为家庭内

部的纠纷。调研中发现，自上一次90年代宅基地调整之后，村中两个男孩的家庭即使分户成家拥有住房，也只有一份宅基地。而年轻的男孩往往是居有其屋，但并不拥有宅基地，房子成为“非法建筑物”。村民L说，“宅基地有偿自愿退出政策是好的，但我们家两个儿子都成家了，但是由于历史原因，只有一户宅基地，现在两个儿子为了宅基地补偿款的事情兄弟不和，闹心啊。”按照当地的宅基地退出政策，只有年长儿子拥有宅基地，可以进行一次性货币安置，而年幼儿子“有名无分”房屋的则无法纳入宅基地退出试点，这造成X村部分家庭兄弟间反目成仇。宅基地退出的初衷是土地集中整理，综合经营，因此对于确因兄弟分家等形成事实分开居住，应对于无宅基地的村民予以平等对待，以顺利推进宅基地试点退出工作。

（三）宅基地退出后，村民面临收入下降和支出增加的双重风险

当地留守村民除了从事农业劳动，提高生活水平的途径主要有两条，一是进行渔网加工获得非农收入。农闲季节，男女老幼齐上阵，参与渔网制作。调研时发现，一人（留守老人）参与渔网加工，每天大概可以获得40元左右的收入，每逢周末，留守儿童也会参与其中。渔网加工的收入基本上可以覆盖家庭的日常开销。二是种植蔬菜、养殖家禽，减少生活开支。调查发现，基本上每家都会在门前屋后种植蔬菜，同时小规模养殖畜禽，这与周边村落的生活方式基本一致。这种生活方式可以部分解决村民的蔬菜和禽蛋需求，降低他们的生活成本。而当宅基地有偿退出后，农民进城买房，居住空间则狭小许多，既无法从事渔网制作等非农工作，更无法种植蔬菜和养殖畜禽了。村民面临收入下降和支出增加的双重风险。用村民Y的话说，“农民上楼，吃根葱都要钱，且离家太远，地都没法种了。”

（四）宅基地退出后，村民对如何保障他们的集体收益权仍存疑虑

在宅基地有偿自愿退出过程中，政府按每亩宅基地预留5 100元拨付当地村集体，未来三年内X村的全部710亩宅基地将陆续退出，这将沉淀360余万元资金于村集体账户，这对一个省定经济薄弱村来说是一个庞大的数字。如何监督使用这笔资金，保障这笔资金既取之于民，又用之于民？当地村民存在不少疑虑。同时宅基地退出后，复耕

的土地如何高效利用并产生收益？如何通过土地整治的综合利用，为村集体提供源源不断的现金流，这也考验X村村委、村干部的项目挑选能力。

五、几点思考

结合当地宅基地退出试点出现的问题，笔者有这样几点思考：

第一是尊重村民选择意愿和分户居住事实，避免“一刀切”操作。农村宅基地退出机制必须充分尊重农民意愿，赋予农民多样化的选择权利，既可以是现金补偿也可以是实物补偿。在宅基地的自愿退出过程中，可以考虑通过就近选择高处设置农村集中居民点，来保障愿意从事农业生产村民的宅基地使用权，而不是赶农民进城。这样既可以达到宅基地集中整治的目的，也可以兼顾农业生产。

与此同时，在进行宅基地有偿退出过程中，应以房定宅，避免村民家庭纠纷。针对已形成事实居住的村民，如一户人家两个儿子均已成家立业，分户居住的情况。只要村民在村中形成事实居住，无论其是否进行宅基地确权，都应执行统一的有偿退出标准。

第二是解决村民疑虑，持续提升村民生活水平。农村宅基地退出后，要保证农民退出后的生活水平不下降，这应是衡量宅基地退出试点成效的最重要指标。这就要求当地政府首先要保证村民的收入水平不下降，主要政策着力点应是保证退出村民的就业机会。村集体可以通过开辟创收渠道促进村民收入提升，比如就近设置专门的渔网加工点便于村民从事渔网加工；本村引进的农业企业大户用工时也优先录用本村村民，多渠道为退出村民提供收入保障。与此同时，当地政府要着力完善退出村民的社会保障体系。当地政府要出台配套的社会保障政策，努力为退出农民提供较好的养老和医疗保障，确保老有所医，老有所养，解决他们的后顾之忧。

第三是加强村级财务监管，推行宅基地整治规划，确保农村集体资金安全。随着宅基地陆续退出，原本贫困的村集体会变得相对富有。在此过程中，应加强村级财务监管，确保村集体的资产安全。一是完善财务管理制度。从源头上强化管理措施，为农村财务管理工作提供制度保障。二是加强村级财务会计监督。村级财务活动和各项资金收支，严格按照规定规范使用，对会计核算和财务管理情况实行常态化监管。三是强化外部监督，做到村财公开。除了按有关规定向村民会议、村民代表大会报告工作中公开财务外，还定期不定期的公开村里的重大财务支出，公开的内容保证翔实、及时和真实。

在宅基地退出过程中，要坚持规划统领。在编制宅基地退出整治规划时，要充分听取有关部门的意见，邀请相关专家，对村庄宅基地退出后的土地整治利用进行统一规划。针对 X 村，应充分发挥省定经济薄弱村的政策优势，邀请高校或科研院所结合 X 村的自然条件对村级土地利用形成合理规划。在实际操作中可以以村集体名义成立公司，对村集体的土地、资金进行合理运作，实现村集体资产的保值增值。这样短期可以为退出村民提供就业机会，长期也为退出村民参与集体收益权的分红创造了条件。

六、结　语

站在淮河大堤上回望 X 村，一排排房屋掩映在树木从中，许多瓦片脱落，应是长久无人居住之故；个别焕然一新，或是男丁娶妻装修所需。在不远的将来，随着 X 村宅基地综合整治的实施，不论是衰败的房屋，还是精装的新居，都将会被一畦畦农田所替代。而没有设置村民集中安置点，则意味着未来 X 村原村民可能散落各处。有能力脱离农业生产的，也许经过一两代人的努力，他们的后代将完全融入城镇居民的生活中去；脱离不了农业生产的，每到种植、施肥、收获等生产环节将不得不从城镇，或是县城，或是其他地方，返回 X 村继续从事农业生产。笔者不希望这样的农业生产的景象在宅基地退出后的 X 村上演。为避免出现类似场景，笔者认为农村宅基地退出机制必须充分尊重农民意愿，赋予农民多样化的选择权利。这就要求当地政府既要通过就近设置集中居住点保障部分村民的农业生产需求，也要出台具体措施完善退出农民的社会保障水平。而且，所有类似“宅基地有偿自愿退出”的涉农试点政策应始终围绕“切实保障农民权益，始终把实现好、维护好、发展好广大农民的根本利益作为农村一切工作的出发点和落脚点”这一基本要求展开。

羁绊还是留恋：城乡一体化中农民“三权”问题调查与思考

冯娜娜*

土地承包经营权和宅基地使用权是法律赋予农户的用益物权，集体收益分配权是农民作为集体经济组织成员应当享有的合法财产权利。

进城落户农民是否有偿退出“三权”，应根据党的十八届三中全会精神，在尊重农民意愿前提下开展试点。现阶段，不得以退出土地承包经营权、宅基地使用权、集体收益分配权作为农民进城落户的条件。

——《国务院关于进一步推进户籍制度改革的意见》

（国发〔2014〕25号）

所谓“三权”，即农民拥有的宅基地资格权、土地承包经营权、集体收益分配权。土地承包经营权、宅基地使用权是物权法、农村土地承包法等多部法律明确赋予农户的集体义务权利，集体收益分配权也是农民作为集体经济组织的成员应当享有的合法财产权。在城镇化发展过程中，越来越多的农民外出务工，其中也有不少农民选择在城市定居，直接导致在农村的土地撂荒、宅基地闲置，造成了资源的大量浪费。因此，为优化农村资源，国家在保护农民“三权”的同时，也鼓励进城农民有偿退出“三权”，鼓励进城农民退出宅基地使用权、土地承包经营权以及集体收益分配权，并且为农民提供均等化的公共服务。

2017年7月3—29日，“三权”退出及农村土地流转调查项目组深入重庆市和四川省进行“新型城镇化进程中农户‘三权’退出情况”以

* 冯娜娜（1989—），女，安徽阜阳人，中国农业大学2016级博士研究生。

及土地流转及规模化经营的调研。此次调研主要目的是了解农户的农地、宅基地及家庭生产经营等基本情况以及农户“三权”的退出意愿及想法，具体调研形式以深入农户家庭进行一对一访谈为主。在27天的走访调研中，笔者所感甚多，现就其中几点提出自己的一些认识。

一、调研总体概况

在本次调研样本点的选择上，主要考虑有“三权”退出或者已经划为国家试点的地区。综合考量后，选定重庆市梁平区、四川省成都市温江区、泸州市泸县三个县（市、区）为样本点。以上三个地区，梁平区在承包地退出①工作中积累了一定的经验，温江区集体产权制度改革走在先列，而泸州市泸县在宅基地退出②方面进行了有益尝试。

在经济发展程度上，温江区属于成都市比较发达的城郊地区，2015年人均年生产总值80 621元，而泸县与梁平区较低，分别为29 037元与26 185元；城镇化率方面，温江区城镇化率较高，为70.02%，超过我国同期56.10%的水平，梁平区次之，为41.61%，泸县为36.38%。农村居民人均年纯收入，温江区最高，为20 645元，梁平区和泸县基本处于同一水平，分别为11 268元和11 600元。可以看出，温江区城镇化率和经济发展水平都高于同期全国平均水平，而梁平区和泸县的城镇化率和人均生产总值总体低于全国平均水平，但农村居民人均纯收入稍高，基本与全国持平（表1）。

表1　全国及调研地区2015年基本情况

样本县（市、区）	人均生产总值（元）	城镇化率（%）	农村居民人均纯收入（元）
全国	49 992	56.10	10 772
梁平区	26 185	41.61	11 268
温江区	80 621	70.02	20 645
泸县	29 037	36.38	11 600

资料来源：《中国统计年鉴2016》、《重庆统计年鉴2016》、《四川统计年鉴2016》。

① “承包地退出”指农户退出承包土地的承包权和经营权，完全归村集体所有。下文中“退地”意思相同。

② “宅基地退出”指农户退出宅基地的资格权与使用权，完全归村集体所有。

本次调查的地区均在“三权”退出方面各进行了有益的尝试，通过对其调研与分析，能够更加了解政策执行及农民相关状况，也能够进一步发现“三权”退出中的相关问题。本调研报告记录下本次调研的所思所想，一方面为本人进一步深入研究提供有益的思路，另一方面也希望可以借此和有意从事相关方向研究的学者进行讨论。

二、问题及思考

（一）关于承包地、宅基地的保障作用与“三权”退出意愿

问题：农村承包地及宅基地真有我们想象的那样有那么强的保障作用吗？不同的农户如何看待承包地和宅基地的保障作用？对承包地和宅基地的退出又有何不同的意见？村庄所在位置和土地的净效益对农户退出的决策有何影响？

在我们传统的意识中以及大多数相关文献中都认为：“土地是农民的命根子”，是农民收入的主要来源，因此，中国农民意识中也深埋下安土重迁、落叶归根的思想。改革开放以来，随着家庭联产承包责任制的实行，农民与土地的关系更加密切，因此人们认为目前宅基地使用权及土地承包经营权退出工作的执行会遇到重重障碍。但是在我们调研中发现，农民并没有我们想象的那样“安土重迁”，很多农民表示只要国家给予补贴，就可以考虑把土地“退给国家”。甚至有些地区的农民退地意愿十分高涨，在梁平区的Z村，由于一部分农民“退地”而另外一部分农民由于土地位置原因没有达到“退地”的条件，造成两部分农民之间关系紧张。在我们访问的过程中，向村长表达了想了解没有“退地”那部分农民的想法，村长强烈地建议我们不要去，原因是没有“退地”的那部分农民意见比较大，“不敢惹”、“很多人想要退地”、“提到这个话题就会争吵”。在另外一个村，我们遇到了相同的情况，一部分没有“退地”的农民拦住我们想了解退地的情况，并强烈表达了退地的愿望。关于老人对下一代继续耕种土地的想法中，老人普遍表示并不担心，“现在打工挺好”、“比种地强”，以后并不关心下一代甚至下下一代的耕种意愿，“只要把自己的生活过好就行了”。

在宅基地退出的调查中，很多老人甚至年轻人表示不想离开现在的宅基地，大多数也都表示目前生活的挺好，交通方便，空气也很好。有

一部分年轻人在城里买了房子，但主要原因是为了孩子的教育，也有一部分是为了面子问题，觉得其他人在城里买房自己不买“不好看”，但是当我们的问题换成“如果提供给您更高的补贴或者提供和城里一样的养老保障，您愿不愿意退出宅基地”时，一部分表示不愿意退出宅基地的农民转而表示愿意退出宅基地。

鉴于以上情况，我们是否可以理解为农民现在不愿意退出耕地和宅基地，多是由于国家政策没有达到自己心里期望，如果给予足够的补贴，大多数农民还是愿意退出土地的。至于农民心里的补偿期望，很多老人表示最关心的是自己的养老问题，只要住房解决，能够好好养老就行。另外，在与一位村委会主任的访谈中，他也表示，“一切都是补偿问题”，“如果达到了心理的预期，很多农民是愿意退出宅基地的”。在调研中我们还发现：采访中的大多数老人对下一代，甚至下下一代的生活，包括教育问题并不是很担心，很多老人表示“看他们自己”。有很多老人更愿意自己独立居住或者依靠自己实现经济独立，并不寄希望于儿子或女儿的供养，如果老人双方都健在，两位老人独立生活的比例则更高。此种情况是重庆、四川部分地区独有，还是全国大范围皆有出现，则有待调查。

在调研中，我们还关注到农民的分化对“三权”退出意愿的影响。和全国大多数村庄一样，由于年轻人常年外出打工，在调研中我们访问的样本人群主要为55岁以上的老年人。这些老年人对“三权”尤其是土地承包经营权以及宅基地使用权退出的想法，并不代表年轻人尤其是新一代农民工的想法。老年人由于已经习惯在农村的生活，与迁移到大城市相比，更愿意住在村里或者选择就地改造的住宅，而年轻人如果条件允许，会选择交通、教育更为方便的城市或城郊居住。在调研中我们也发现，关于对集体产权制度改革的了解以及退出“三权”的愿望，那些在浙江、上海、广州等经济较为发达地区工作过的农民对集体产权制度改革的整体了解程度更高，他们很多人表示见过别人分红，所以对集体产权制度改革更加愿意了解和支持，并表示虽然村里目前没有分红，但也抱有很大期待，并不愿意退出集体收益分配权。而同样是相同年龄、相同教育程度长期待在村里的农民，则表现出不了解或无所谓的态度。

不仅同地区不同农民对退出“三权”有不同的意愿，地区的差异也使得农民退出意愿有很大不同，如经济较好的地区和经济状况较差的地区在退出的意愿方面就表现出了明显的差异。在调研中，成都市温江区和泸州市泸县两地的农户表现出的“退地”意愿反差较大。温江区属于城郊区，人均收入较高，且交通方便，农民生活比较“巴适”，且由于大部分老年人在2008年汶川地震后购买了养老保险，目前每人每月可领平均1 000～2 000元的养老金，与泸县农村居民每人70～110元/月的养老保险金相比，1 000～2 000元/月的养老保险金足以支持一个人的日常开销，所以温江区农民的退出意愿十分低。而且由于位于城郊区，有地铁直达，当地年轻人到县城甚至成都市区上班都比较方便，所以大多数年轻人与老年人的意愿一致，并不愿意到城市居住。而泸县由于养老金比较低，农村老年人对养老问题则较为担心，年轻人到城市里生活的意愿也较高。另一方面，由于温江区是花木交易中心，土地主要种植作物为林木花卉，平均土地净利润为3 000～5 000元/亩；庐江县主要以种植水稻、玉米为主，土地产出较低，每亩净利润400元左右甚至更低，农业经营收入在农民总收入中所占比重很小，因此退出承包地带来的收入下降对农民总收入的影响很小。此外，农民还可以从土地中解放出来从事其他有较高收入的非农工作，因此泸县农民的退地意愿则较为强烈。

对于承包地与宅基地产权的认识，农户们还存在认识不清的状况。对于承包地，农户一般认为其属于国家或者集体所有，但是对于宅基地，大多数农户认为宅基地是属于农民自己所有，但是对于能否随意买卖这一问题上，大部分农民都明确表示宅基地不得随意买卖，城里来农村买房是不被允许的。可以看出，现阶段，较多数农户仍存在对土地产权认识模糊不清。

调查中也发现，目前宅基地的退出方式中，多为政府主导，农户大规模退出，国家及地方政府的财政投入促进其实施，且退出农户的补偿评定时，参照的是国家不同于城市土地另行制定的标准，这致使大部分土地作价偏低，在调研时也有不少农民反映因自家土地评估价格过低而不愿意参与政府主导的退出。政府对待不愿意退出的农民有时采取思想疏通、开会教育等方式，但效果并不明显。对于没有宅基地有偿退出项目的地区，则并没有主动退出的平台和方式。

综合来看，承包地和宅基地对于农民的保障作用在逐渐减弱；随着农户的分化，或者由于地理位置和土地净收益的不同，农户对于土地“三权”的退出意愿也不尽相同；农民对于土地产权的模糊认识使得农户自愿退出“三权”尤其是宅基地资格权变得困难，而且目前已退出的农户多是由政府主导的退出。接下来，在“三权”的退出机制上我们仍可以做进一步研究。

（二）关于外部效应即农户的群体心理

问题：农民在退出决策时，除了受到个人特征、补偿标准、耕地和宅基地利用状况等因素驱动外，会不会受到个人心理因素的影响？为什么在其他条件不变的情况下，农户在进行私人决策和参考公共决策时，决策的结果往往会完全相反？

农民在进行决策时是完全遵从自己的私人信息还是会受到外部驱动因素的影响？本次调研中，我们将问题设计为“您是否愿意退出承包地（宅基地）”，“如果别人退，您是否愿意退”。有意思的是，很多在第一个问题中回答不愿意或者意愿模糊的农户，被问到如果亲戚/邻居都退出您是否愿意退出时，都表示愿意响应国家政策，如果别人退自己也愿意退。并且，农户这种表现不一致的行为现象在老人或文化程度比较低的人群中更为普遍。我们把农户这种进行私人决策时，由于参考公共决策的影响，而带来参考前后决策结果不一致的行为叫做农民之间的跟风或称“羊群行为”。“羊群行为”本身指动物（牛、羊等畜类）成群移动、觅食，后来被引申指行动者趋向于忽略自己的有价值的私有信息，而跟从市场中大多数人的决策方式，个体在群体中的反应与独立环境下的反应存在较大差异。

农户这种群体心理与行为在“三权”退出中扮演了重要角色。许多农民由于自身知识经验有限、信息渠道狭窄，在对政策不了解或者决策信心不足的情况下，愿意观察其他农户的决策结果，以此作为自己的参考决策。所以，即使对现有政策或补偿标准不太满意，当其他农户倾向于退出时，这部分农户也会选择“随大流”，选择退出。近年来，已经有学者对此行为进行了研究，如胡贤辉（2007）、杨玉珍（2015）、关江华等（2013）、杨卫忠（2017）等研究发现农户在宅基地使用权流转决策方面表现为从众和示范，同时也提出，政府应该加大信息沟通力度，构建适应性信息传播渠道，使农户能够及时、准确、有效地掌握相关信息，避免盲目跟风和决策失误。

鉴于农民这种模仿群体中他人、忽视私人信息的行为，是否可以在充分论证并与农民多方沟通的情况下，依靠村里的精英或有较高号召力的村民，发挥他们的示范带头作用。实际上，在梁平区的Y村，就是依靠村里有权威的老人顺利实现了全村退出土地承包经营权。这位老人原为村里的队长，在退地中号召村民集中退地并通过村集体进行统一对外承包后，利用集体资金修路，使村里的境况逐渐好转，村民生活满意度显著提升。这与我们一直讨论的“精英治村”、“富人治村”有相通之处，长期在外打工有经验或者先富裕的一部分人回到家乡担任村长或书记，利用这种威望或成功的经验治理村庄，同时也为我们研究乡村治理提供了思路。当然，中间不排除有寻租行为，具体的成效如何仍待进一步研究和评估。

（三）农民的利益和国家的目标相统一

问题：“三权”退出中，如何将农民的利益和国家的目标相统一？集体经济组织在中间起到什么作用？如何解决村级的委托—代理问题？

回顾农村改革的历史，不难发现每次产权改革的历史，就是政府与农民关系调整的过程，政府与农户在博弈与互动中推动了农村产权制度的创新发展。在调研中，如何处理国家与农民的关系，如何同时兼顾农民利益与国家目标是我们一直思考的问题。农民作为有偿退出的主体，是希望能够通过“多偿”来获益，而“三权”的利益相关者还有其他主体，如村集体经济组织、用地者（如企业、合作社等）、各级政府等。为了使土地新制度的设计和执行能够达到帕累托最优，有必要对他们的受益情况进行分析。在这里我们主要关注的是中央政府和地方政府、农民以及位于代理人位置的村集体经济组织。

可以说，在土地制度变迁中，农民是最直接的利益相关者，从理性人的角度来讲，农民追求利润最大化，对于“三权”退出，农民会比较自己的成本和收益，预期收益大小会是农民支持制度变革与否的主要依据。在调研中我们发现，农民退出的主要要求也就是为了获得更多的补偿或者更好的养老与居住条件。从经济学的角度讲，要实现农户的“三权”退出，必须保证农户从退出中得到的预期收益要超过其不退出付出的机会成本。但是收益只是经济学意义上的分析，只是个必要条件，并不是农户选择“三权”退出的充分条件，因为在一定程度上，农民还是有“安土重迁”的乡土情结，同时还面临搬迁的成本和生活成本的变化，如很多农民表示目前不想种地，主要原因是劳动力不足或者种地收益不高，但却愿意留下几分地种菜；也有农民表示考虑到城市的生活成本较高和空气质量较差，将来即使宅基地退出，也愿意生活在原来的地方，翻新一下旧住宅或者集中规划新住宅最好，对迁移到城里居住并没有表现出很大的兴趣。

在农民利益与国家整体利益分配之间，中间层面的村集体组织的作用不容忽视，其在国家和农民之间起到的不仅仅是桥梁作用。在法律上，集体经济组织是集体土地的所有者，农民是集体土地的使用者，这其中存在着集体产权的委托—代理关系，但实际上农民与集体经济组织又不是传统意义上的委托—代理关系，双方并没有合同的约束。集体的作用在每个村庄差异性很大，其取决于两个因素：一是村集体收益的共享程度，二是村庄内部独立于政府的组织化程度，两个程度越高说明集体的作用越大。随着“三权”的改革，尤其是集体产权制度改革的持续进行，集体组织在农村的作用会发生一定转变，“村两委”在“三权”退出中的行为将决定退出过程中交易成本的大小。在调研中，大多数农民表示目前国家政策很好，但是村里执行的很不好，“补贴没发到位”、“政策从来不宣传”等问题普遍存在，“住着楼房开着小轿车吃低保”的情况也有出现，比起政策宣传这种工作做得不到位情况，村级治理过程中出现的一些不公平的情况更容易激起农民的不满情绪。所以，在关系到农民切身利益和权利的改革中，农民在多大程度上信任集体组织，集体组织的做法是否会损害国家利益，减缓国家的政策目标的实现，如何使村集体的作用发挥得更好，这应该是一个复杂但值得研究的问题。

从中央政府和地方政府层面来讲，地方政府是中央政府政策的具体执行者，享有对地方资源的直接管辖权。地方政府有追求自身利益最大化的动机，其方式之一是挖掘潜在土地资源以获益。以宅基地退出为例，农民退出宅基地后，经过复垦并整理出可用于城乡增减挂钩的用地指标，地方政府在获得耕地指标后可进行指标交易，购买指标的政府即可进行相应面积耕地的农转非开发出让，从而获得土地的增值收益。中央政府作为宏观统筹方，既希望维持农村社会基本稳定，又希望“三权”退出后尤其是承包地和宅基地能够更好地实现其资产价值。中央政府的策略直接作用到每个“三权”退出的参与人，在具体的政策制定中，中央政府会考虑到地方政府的行为，审慎做出扩大或制止的决定，考虑政策的实施对农民的影响，同时也会考虑国家整体利益及政府的施政成本。

从以上分析可以看出，各方不一致的问题在于目标不一致，地方政府主要的行为动力是数额巨大的土地出让金，中央政府的目标是实现国家利益的最大化以及维持社会稳定，农户的目的是获得更多的经济收益以及其他的补偿，村集体组织希望从退出中获得额外的利益。在“三权”退出过程中，只有地方政府将足够的相关增值收益留给农民，退出补偿过程透明，并且提供一系列的政策支持、资金支持，才使得各方都获得满意的收益而趋于利益均衡。要形成“三权”有偿退出制度，必须协调好各利益主体的策略行动，“三权”退出制度的有效性在于有一套公平合理的利益分配机制。

（四）公平，意味着什么?

现象及问题：调研中了解到虽然农户对于目前的补偿标准基本满意，但是由于在退出过程中，村干部没有与农户事先协商，导致农户对退出政策十分不满；有些农户宅基地退出后生活得到了改善，但是当得知其他退出农户比自己补偿标准高时，立即表现出愤怒等情绪。公平，在政策执行中起到什么作用？如何确保公平？

调研中，“三权”当中的集体收益分配权较少发现存在公平问题，但在对已经退出宅基地或者承包地的农户进行访问时，我们发现，在村干部没有事先通知或者与村民协商的情况下，就把土地退出的行为招致村民不满意的情况时有发生。如在泸县的L社区，村干部在没有与村民商量的情况下，与开发商自行决定将村里土地进行流转（实际是退出，土地已经由村集体统一管理和流转，且由于开发商已经把土地用来发展旅游，修建基础设施，所以以后农民的土地很可能收不回来），并对每亩土地以每年750斤谷子的标准进行补偿（农户可自行选择750斤/亩的实物补偿或按1.2元/斤折算的900元/亩的货币补偿）[①]。虽然农民知道如果自己耕种，每年土地的净收益达不到900元，但是由于村干部

① 此处谷子为未脱皮的稻穗。

没有事先与村民商量，而是村民代表们自行决定，农民感到很不满意。类似的情况也发生在温江区的 Y 社区，在宅基地的退出中，退出的第一期和第二期，虽然仅仅只相差一年，但是补偿的标准相差了好几倍(第二期获得了更多的补偿和更好的居住条件)，第一期农户虽然觉得目前的生活比以往有了改善，但是由于第二期农户得到了更多赔偿，导致第一期农户强烈不满。

在以往文献的研究中，也有关于程序公正与货币补偿的研究，如刘祥琪等、晋洪涛等关于农民征地过程中程序公平与补偿标准对于满意度影响的研究（刘祥琪等，2012；晋洪涛等，2010），但是关于在宅基地退出中信息的公开等对于农民满意度与配合度的影响研究还很少。另外，由于地区和时间的不同导致补偿标准的差异也极易引起农户的不满。

调研发现，许多农民的满意度下降，主要原因并不是补偿的标准，而是由于他们的权利没有得到应有的尊重，在退出或流转过程中，不能充分表达自己的意愿和想法，也没有获得应有的回报，还有地区的巨大差异也给农户造成了心理落差，导致农户的不满。所以，在“三权”退出政策设计及执行中，我们不仅仅应该注重对农户的补偿标准，更应该注重在退出过程中农户的参与权，注重程序的公开公正，设法提高农户的满意度。

（五）土地规模经营问题

问题：调研样本点地区处于山区，耕地资源稀缺，土地细碎化严重，加上农业劳动力的逐渐减少，土地规模经营成为必要的选择。土地经营规模化的要求会不会加速土地承包经营权的退出?

土地规模经营问题是近几年来学界一直研究的问题，我国于 1978 年开始的农村土地制度改革，奠定了家庭经营的基本格局。在家庭联产承包责任制下，按人口平均分配的土地制度使得土地经营出现细碎化、分散化的特点，而目前，随着我国工业化、城镇化水平的不断提高，传统家庭经营规模小、经营分散的弊端逐渐显现，成为阻碍农业现代化的重要障碍。在样本点地区，农户家庭经营规模一般为 2 ～ 5 亩，土地细碎化则更为严重，平均每户的耕地多达 20 块。土地不连片、离家远，导致很多农户选择撂荒，甚至有些年轻人根本不知道哪块地是自己家的，特别是离家比较远的小块地撂荒的情况更为常见。对于样本点农民来说，土地细碎化严重、机械化程度低导致经营成本过高，已经成为农民不愿意继续耕种的重要原因之一。农地的细碎化导致规模经济或者规模报酬无法实现，加上农业经营本身收益率就比较低，使得农民普遍从事非农经营，相对而言，外出务工能带来更多的收益。

实现土地的规模经营，农地流转是实现土地规模经营的必由之路（姜松，2012；楼栋，2013；张照新，2013）。目前土地流转有四种形式，即土地互换、土地流转、土地入股和土地租赁（农业部经管司、经管总站研究组，2013）。在调研样本地区了解到，除了集体统一将土地流转给农业企业、合作社、专业大户等形式外，许多农户在外出务工时，会选择把土地交给亲戚朋友耕种，对于这些土地，当地农户一般称为“捡来的田”。这些“捡来的田”一般不收取地租，也没有耕种的年限，等承包人务工回乡后，再交还给承包人即可。

对于农民来说，流转也要承担一定的风险。有些村庄经过村集体签订合同统一流转给农业企业后，由于经营不善，企业主跑路，农民拿不到租金，有些地块已经修建基础设施，有些地块杂草丛生，农民收回土地需要花费很大的精力再整理，流转农户抱怨不断。村民表示看到土地荒废“很心疼”，对土地流转产生了不信任。农户表示退出土地可适当考虑，但是更好的选择是把土地放在自己手里耕种更放心。不同的农户在农业经营决策上也表现出明显的差异性，经济条件较好的农户，选择流转或者退出土地的比例更高，而经济条件较差的农户，表示如果能够解决土地细碎化问题，将土地化整为零，实现规模经营，可考虑继续种地。

可以看出，目前农地流转制约因素还较多，而且土地流转效率并不高，加上土地流转过程中经营主体之间利益联结方式的不同，各经营主体对于土地规模的需求也不尽相同，土地规模经营仍然是一个长期的过程。

除此之外，农业社会化服务是实现农业规模化经营的另一种途径。借助农业社会化服务实现劳务的规模经营为我国开展多种形式的适度规模经营提供了一定的理论支撑和现实依据，但在调研样本点地区，还没有发现有提供农业社会化服务的案例，以农业社会化服务促进农业规模经营可能还有很长的路要走。

总之，土地的经营规模是与一定的自然、经济、社会和技术条件相适应的，经济发展水平、农业社会化服务体系的完善程度、经营的风险和不确定性因素、政策性配套措施、生产力水平等多种外部因素都会通过影响农户决策从而对土地经营规模产生影响，我们在进行土地规模化研究时，应充分考虑各种因素的影响。

三、调研感思

随着经济的发展，农民的生活水平得到了极大的提高，但一些问题的出现也在促使农村发生改变。如在重庆和四川部分地区，农民的养老和医疗基本得到了保障，生活水平得到了显著的提升，但是也存在一些问题，如土地细碎化严重，不符合目前生产力的要求；农村老龄化问题逐渐显现；农民进城与城镇配套社会保障缺失的问题；农村土地制度亟须改革等。这些问题事关农民的生活和生产，如不把农民的问题解决，将会影响我国整体的发展布局，我国的城镇化发展也难有突破。

“凡讲求农业经济者，宜外察世界经济之潮流，内审本国农业之现状，研求关于农业经济学之原理及法则，以资实地应用”，遵循我国农业经济管理学科创始人许璇教授的治学之道，我们深入基层进行调研，了解了我国当下农业农村发展的一些问题，提出了自己的一些想法。当然，以上的分析可能不太全面，如果要进一步的探讨和研究，还需要更多的数据和理论进行支撑和验证。以上遇到的问题也仅是当前“三权”退出面临问题的冰山一角，其他如农村集体产权制度改革中成员资格的认定、土地改革后农村的基层治理的变化、农村社会保障问题等还需要我们进一步的关注。农村工作和农村问题千头万绪，如果要进一步的认识和解决，需要我们更多的努力。

参考文献

关江华，黄朝禧 . 微观福利与风险视角的农户宅基地流转：武汉调查 [J]. 改革，2013（8）：78–85.

胡贤辉 . 农村居民点用地变化驱动机——基于湖北三县市的农户调查研究 [D]. 武汉：华中农业大学，2007.

姜松，王钊 . 土地流转、适度规模经营与农民增收——基于重庆市数据实证 [J]. 软科学，2012（9）：75–79.

晋洪涛，史清华，俞宁 . 谈判权、程序公平与征地制度改革 [J]. 中国农村经济，2010（12）：4–16.

刘祥琪，陈钊，赵阳 . 程序公正先于货币补偿：农民征地满意度的决定 [J]. 管理世界，2012（2）：44–51，187.

楼栋，孔祥智 . 新型农业经营主体的多维发展形式和现实观照 [J]. 改革，2013（2）：65–77.

农业部经管司、经管总站研究组 . 构建新型农业经营体系稳步推进适度规模经营——“中国农村经营体制机制改革创新问题”之一 [J]. 毛泽东邓小平理论研究，2013（6）：38–45，91.

杨卫忠 . 农户宅基地使用权流转中的羊群行为：私人信息还是公共信息 [J]. 中国土地科学，2017（4）：43–51.

杨玉珍 . 农户闲置宅基地退出的影响因素及政策衔接——行为经济学视角 [J]. 经济地理，2015（7）：140–147.

张照新，赵海 . 新型农业经营主体的困境摆脱及其体制机制创新 [J]. 改革，2013（2）：78–87.

写在后面的话

中国农业大学国家农业农村发展研究院（以下简称国农院）秉承服务国家农业农村发展的宗旨，对我国农业农村发展过程中具有全局性、战略性重大问题进行系统全面的研究，为国家农业农村方面的重大决策提供理论支持和决策咨询。研究院的前身为“中国农业大学中国农村政策研究中心”，成立于2004年5月，运行至今完成了中央和国务院多个部门的政策研究性课题，并与世界银行和联合国粮农组织等国际机构共同合作开展多项研究。关于粮食消费、土地登记、农民工市民化以及农业补贴等方面的政策建议获得了党和国家领导人的批复并被有关决策部门采纳。2018年获得由中国社会科学评价研究院颁发的中国智库咨政建言“国策奖”。

国农院致力于创新人才培养模式，十四年来先后培养博士生近百人，先后举办了30余次大规模的国际和国内学术会议，举办讲座200余场，发表SSCI/SCI论文50余篇，出版专著20余部。连续出版《政研要报》14年，研究院主办的期刊《China Agricultural Economic Review》2010年被SSCI/SCIE双收录。自2014年开始，国农院共开展了四期新型农业经营主体调研，调研地点选择国内具有农业生产代表性的区域，获取问卷9 277份，该套数据的连续性、覆盖面、针对性非常突出，为真实了解中国农业农村农民情况积累了丰富的数据。

在培养学生的过程中，我们深刻地认识到，论文的写作不能仅仅建立在冷冰冰地对数据模型的分析上，必须要对研究的问题有切身的体会，以感性的视角展开理性的分析，才能使论文的写作更有针对性，更符合社会现实。因此，我们在2018年设定主题，安排国农院的博士研究生对相关问题进行实地调研，以聚焦热点焦点及社会发展中的重要问题的形式，撰写完成系列调研报告。报告完成后，经过修改压缩，在2018年下半年又以公众号的形式向社会进行了推广，反响热烈，一度出现了“追剧”似的热度，无论是我们，还是写作的学生，对此都深受鼓舞。

现在，经选择产生的调研报告的完整版即将以《博观稼穑2019》的书名问世，书中所收报告我们没有苛求格式的一致，语言文风亦有所区别，或庄或谐，或偏文或偏理，仅为展现博士生们的真情实感。我们深知，虽然作者都是博士研究生，但可能在学术观点，或者言语表达上仍存在很多不足，甚至可能出现偏差。对此，我们诚惶诚恐。但对其中展现的充满朝气的探索我们深信不疑，这也是最值得鼓励之处，也是推动本书出版的初衷。希望本书的出版能激励更多的青年学子参与到中国“三农”问题的研究中，也希望这一系列成为我们国农院一个标志性的成果，陆陆续续地展现给大家，供大家批评指正。

编　者

2018年12月30日

时正逢除旧迎新，万物更始